高效课堂中的数学教学与创新研究

王榆松　著

吉林人民出版社

图书在版编目 (CIP) 数据

高效课堂中的数学教学与创新研究 / 王榆松著 .--
长春 : 吉林人民出版社 , 2022.1
ISBN 978-7-206-18884-8

Ⅰ.①高… Ⅱ.①王… Ⅲ.①中学数学课－课堂教学
－教学研究 Ⅳ.① G633.602

中国版本图书馆 CIP 数据核字 (2022) 第 012873 号

高效课堂中的数学教学与创新研究
GAOXIAO KETANG ZHONG DE SHUXUE JIAOXUE YU CHUANGXIN YANJIU

著　　者：王榆松
责任编辑：李　爽　　　　　　　　封面设计：袁丽静
吉林人民出版社出版 发行（长春市人民大街 7548 号）　邮政编码：130022
印　　刷：吉林省良原印业有限公司
开　　本：710mm × 1000mm　　　　1/16
印　　张：10.5　　　　　　　　　　字　　数：230 千字
标准书号：ISBN 978-7-206-18884-8
版　　次：2022 年 1 月第 1 版　　　印　　次：2022 年 1 月第 1 次印刷
定　　价：58.00 元

前 言

伴随着我国教育事业的不断发展与进步，对数学本质的认识也得到了进一步的深化。如今，数学教学不再是以教会学生数学知识、提高学生数学成绩为教学目的，而是要求以学生发展为本，关注学生数学素养的全面发展，对数学学科特点进行深入分析，同时创新课堂教学方式与方法，完善课堂教学评价。

关于高效课堂的打造，指的就是课堂教学的效率要高，效果要好，课堂教学的有效性应当既包括教师的有效教学行为，又包括学生的有效学习行为，这就要求教师必须改变传统的教学观念，在课堂中要尽量给予学生充分的主动权，使学生的主体作用得以发挥。要激发学生的学习兴趣，提高教学质量。总之，教学有法，而无定法，在新课程理念的指导下，应让学生有充分发挥数学思维的舞台。创造高效的数学课堂，需要教师与学生的共同努力。

本书由中学数学教育与数学课堂概述、中学数学课堂教学方法的创新与应用、多媒体技术在数学课堂教学中的应用、数学课堂教学中思维与能力的培养、中学数学高效课堂教学评价等几部分组成。全书以数学课堂教学为核心，对数学课堂教学现状、数学高效课堂建设的方法以及学生数学能力的培养等做了详细的论述，希望对数学教学相关方面的研究者与从业人员具有一定的学习和参考价值。

王榆松

2021 年 10 月

目　录

第一章　中学数学教育
与数学课堂概述

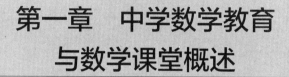

第一节　数学教育的作用

数学在教育中占有无可比拟的地位。每个人在学校所受的教育中，数学都是一个重要的部分。

事实上，数学教育的地位是由其作用决定的。在当前信息革命的时代里，数学在各行各业、各个学科中的重要作用。

一、数学在自然科学中的作用

当今社会的生存与繁荣靠科学技术，科学技术的发展依赖于数学。如，物质的微观结构本来就与几何学密切相关，DNA 是一种双螺旋结构，它是数学的研究对象。那种认为数学没有直接经济效益，与科学技术关系不大的观点应该被抛弃。我们应该充分认识到数学的重要性，并在培养未来的科技工作者和劳动者的教育中，让数学发挥其强大的功能。

二、数学在社会科学中的作用

数学在社会科学中的作用随着计算机参与发生了巨大变革，使得数学在社会中的地位日益提高，数学社会化、社会数学化已是明显的事实。随着数学的发展，科学（自然科学、社会科学）的发展，以及数学在社会中应用的发展，这一点将会越来越重要。数学不仅在自然科学中有重要作用，在社会科学中同样如此。例如，当今经济学很多内容，特别是计量经济学和数理经济学，都是直接应用数学的。

三、数学在人文科学中的作用

数学对人文科学有着积极的推动作用，现在人文科学的新特征及数学发展的新趋势进一步表明，这种推动作用将会进一步增加。定量化、精确化的特征，决定了数学在未来人文科学教育中是不可缺少的重要力量。

四、数学教育对人才素质的影响

由上可见，随着社会的发展，科技的进步，数学对人类生活的各个方面将产生越来越深远的影响。数学教育对人才的培养起着关键的作用，数学中严密的逻辑思维会使他们在工作中具有洞察事物本质并迅速找出解决问题方法的能力；数学求解问题的技巧会使他们能够妥善地解决工作中遇到的矛盾；数学中的演绎和归纳的训练会使他们在工作中善于分析和综合。

第二节　中学数学教育基本理论

一、弗赖登塔尔数学教育理论

（一）弗赖登塔尔数学教育思想的基础

1. 对数学本质的看法

弗赖登塔尔认为："数学是系统化了的常识"，而常识并不等于数学，"常识要成为数学，必须经过提炼和组织，凝聚成一定的法则（如加法交换律），这些法则在另一层次又成为常识，再一次被提炼、组织，凝聚成新的法则，新的法则又成为新的常识，如此不断地螺旋上升，以至于无穷。这样，数学的发展过程就显出层次性，构成许多等级，同时也形成诸如抽象、严密、系统等特性。"

"数学活动是一种相当特殊的活动"，这种观点是区别于"数学作为印在书上和铭记在脑子里的东西"。他认为，数学家或者数学教科书喜欢把数学表示成"一种组织得很好的状态"，也即"数学的形式"，是数学家将数学（活动）内容经过自己的组织（活动）而形成的；但对大多数人来说，他们是把数学当成一种工具，他们不能没有数学是因为他们需要应用数学。

2. 对数学特征的看法

数学教育研究不能离开它的对象数学的特有规律。为此，弗赖登塔尔在《作为教育任务的数学》中，对今日数学的特征做了详细的论述。他从数学发展的历史出发，深入研究了数学的悠久历史以及现代数学形成的背景，提出了现代数学的转折点；或者是以著名的布尔巴基理论的出现，作为一个新时期的开端，基于这一分析，弗赖登塔尔从形式化的工作，外延性抽象，公理化的抽象，思辨数学与算法数学，组织与数学化等方面逐步对今日数学的发展进行了深入地分析，并对几何直观在整个数学中的渗透以及数学应用的广泛性进行了讨论。

我国著名学者张奠宙教授也对此问题进行了讨论，并在其《数学教育学》中，将弗赖登塔尔对现代数学的看法归结为以下几个方面：数学表示的再创造与形式化活动，数学变化更多的是形式的变化，而非实质内容的变化；数学概念的建设方法，从外延描述的抽象化，进而转向实现公理系统的抽象化，承认隐含形式的定义；传统的数学领域的界限日趋消失，一贯奉为严密性典范的几何，表面上看来似乎已经丧失了昔日的地位，实质上正是几何直观在各个数学领域起着联络的作用。正如康德所说：缺乏概念的直观是空虚的，缺乏直观的概念是盲目的；相对于传统数学中对算法数学的强调，现代数学更重视概念数学，或者说是思辨数学。

综上，不难看出弗赖登塔尔对现代数学的认识主要是从数学方式描述的形式化、传统数学分支的综合化、数学组织的结构化、现代数学应用的多元化等方面来分析现代数学的特性。

3. 关于数学教育的用处与目的的观点

学习数学究竟为了什么？进行数学教育，最终要达到什么效果？是人们议论最多，也常常困扰学生、家长和教师的问题。对此，弗赖登塔尔从数学教育的角度，通过对通常提到的数学教育的用处和目的进行了仔细地分析和探讨后指出："数学教育最大的问题就是用处和目的之间的分歧，其他的教育领域，都不像数学教育那样，在无用处的目的与无目的的用处之间有着如此大的距离。"

他指出："数学教育的目的很难确切地表达"。一方面，因为数学应用广泛，又有高度的灵活性，且每个人将来究竟需要用到哪些数学难以预测，因此数学教学必须从数学内在的体系出发，通过整个数学教育让学生掌握数学的结构，但又不能忽视社会和学生的实际需要，一味地为培养数学家而进行数学教育。对此他强调：除了未来的数学家，还有许多人必须学数学，其中只有少数人会用到比较复杂的数学，大多数人只用一些简单的数学，而即使是那些从不应用数学的人，也应该学习数学，因为数学已经成为人类生存所不可缺少的一个方面。

另一方面，从过去、现在一直到将来，教数学的教师都不可能浮在半空中，学数学的学生也必然属于社会。因此，认真考虑数学在社会中的角色，应该成为数学教育的首要目的。即数学教育必须让学生学会数学在解决实际问题中的作用，会运用数学于具体现实。

再者，他指出通常人们认为数学是"智力的磨刀石"，对所有的人而言，数学都是必不可少的思维训练，甚至强调数学可以训练人的逻辑思维，把数学作为测量学生智力和潜能的一种方法。但究竟什么是逻辑思维？是否存在思维训练？数学又是否是其中一种？甚至是最好的一种？以及数学学好了就等于一切都有可能学好了吗？这些都是很难回答的问题。

最后，他指出：人们也常常因数学可以解决许多问题，以为数学可以给人们提供解决各种问题的手段、背景以及思维方法，这就为综合地分析各种因素，顺利地解决各种问题创造了条件，从而形成了能力。但数学究竟能培养哪些能力？数学与这些能力培养之间有多么密切的联系等，都是难以确切回答的问题。

对于数学教育的任务，弗赖登塔尔认为每个人都有自己的"数学现实"，每个人在数学上能达到的层次因人而异，这取决于先天与后天的条件，但是，多数人都能达到的层次是必然存在的。因此，数学教育的任务就在于帮助多数人去达到这个层次，并努力不断提高这个层次和指出达到这个层次的途径。弗赖登塔尔在以上认识的基础上，提出了他对数学教育的看法。在他看来，数学教育具有以下五种特征：①情境问题是教学的平台；②数学化是数学教育的目标；③学生通过自己努力得到的结论是教育内容的一部分；④"互动"是主要的学习方式；⑤学科交织是数学教育内容的呈现方式。这些特征又可概括为：数学现实，数学化以及再创造。

（二）弗赖登塔尔的数学教育思想

1. 数学现实

数学源于现实，并且用于现实。这是弗赖登塔尔"数学现实"思想的基本出发点。他从巴比伦的数学，到埃及的数学，再到希腊的数学，逐一做了分析和思考后发现，在巴比伦时代，数学是平民、商人、工匠、测量员以及天文学家的数学；在希腊，航海人员也需要数学，虽然那是极为贫乏的数学应用。同时得出："如果没有应用的推动，数学会变得多么贫乏！数学起源于实用，它在今天比任何时候都更有用！"但其实，这样说还不够，我们应该说"倘若无用，数学就不存在了"。

在以上认识的基础上，弗赖登塔尔形成了他关于"现实数学"的数学观和数学教育观。

（1）数学观——现实的数学。对此，他指出，一方面，根据数学发展的历史，无论是数学的概念，还是数学的运算与规则，都是由于现实世界的实际需要而形成，数学不是符号的游戏，而是现实世界中人类经验的总结。数学源于现实，因而也必须扎根于现实，并且应用于现实。数学不能脱离那些丰富多彩而又错综复杂的背景材料，否则就将成为"无源之水，无本之木"。

另一方面，数学是充满了各种关系的科学，通过与不同领域的多种形式的外部联系，不断地充实和丰富着数学的内容。与此同时，由于数学本身内在的联系，形成了自身独特的规律，进而发展成为严谨的形式逻辑演绎体系。因此，数学是现实的，是现实世界的抽象反映和人类经验的总结。

（2）数学教育观现实数学教育。在《作为教育任务的数学》中，弗赖登塔尔曾指出"对非数学家而言，与亲身经历的现实的联系将是至关重要的"，他主张数学应该属于所有的人，为此，必须将数学教给所有人、但人与人之间的差别可能很大，不同的人需要不同的数学，也就联系着不同的现实世界，即不同的人有不同的"数学现实"，其中包括个人接触到的客观世界中的数学规律以及有关这些规律的数学知识结构。

根据英国考克罗夫特的报告，他们在进行了广泛的调查，分析了一些比较实际的资料后提出，人们所需要的数学可以分为三种：

第一种是日常生活的需要。从个人消费、家庭开支到国家建设，处处都要涉及各种数字、图表、测量问题，这些大多是比较简单的数学知识，但却是每个人都必须知道的。

第二种是不同的技术或者说是各种职业的需要。从工程技术人员、农业技师到各行业的服务人员，在不同领域内，从事各种不同性质工作的人，从各个不同的方向，对数学知识提出了种种要求，当然其中也含有某些共同的部分。

第三种是为进一步学习并从事高水平研究的需要。这部分包括的范围很大，差别也很大。未来的科学家、企业家、管理家等，都需要与各个领域相关的不同分支的数学知识，它们有共同的基础及类似的数学思想方法，涉及千变万化的具体内容。

每个人都有自己的一套"数学现实"，即"每个人都有自己生活、工作和思考着的特定客观世界以及反映这个客观世界的各种数学概念、运算方法、规则和有关的数学知识结构"，其中既含有客观世界的现实情况，也包含个人用自己的数学水平观察这些事物所获得的认识。从这个意义上说，这里所谓的"现实"不一定限于具体的事物，作为属于这个现实世界的数学本身，也是"现实"的一部分，或者可以说，每个人也都有自己所接触到的特定的"数学现实"。大多数人的数学现实世界可能只限于数和简单的几何形状以及它们的运算，另一些人可能需要熟悉某些简单的函数与比较复杂的几何，至于一个数学专家的现实世界可能就要包含希尔伯特空间的算子以及拓扑学等。

因此，数学教学必须从学生的数学现实开始，现实在不断地扩展。教师的任务就在于确定各类学生在不同阶段所必须达到的"数学现实"，并随着学生们所接触的客观世界越来越广泛，了解并掌握学生所实际拥有的"数学现实"，从而据此采取相应的方法，予以丰富，予以扩展，以逐步提高学生所具有的"数学现实"的程度并扩充其范围[①]。数学教育本身也应该是以这些不同的数学现实为基础构建课程体系，并通过这些课程不断地扩展每个人的"数学现实"。

2. 数学化

何为数学化？弗赖登塔尔认为数学化，就是数学组织现实世界的过程。即人们在观察、认识和改造客观世界的过程中，运用数学的思想和方法来分析和研究客观世界的种种现象并加以整理和组织，以发现其规律。在他看来，数学的产生与发展本身就是一个数学化的过程。先人从手指或石块的集合形成数的概念；从测量、绘画形成图形的概念都是数学化。此外当数学家们从具体的置换群与几何变换群抽象出群的一般概念时，也是一种数学化，甚至可以说整个数学体系的形成就是一个数学化的过程。应将数学与和它有关的现实世界紧密联系在一起，通过"数学化"的途径来进行数学的教与学，使学生获得富有生命力的数学知识，使他们不仅理解这些知识，而且能加以应用。

在《作为教育任务的数学》中，弗赖登塔尔在研究了"数学传统"之后，对"今日的数学"即对现代数学的本质特征进行了深入地分析研究，发现从常量数学到变量数学、函数等，数学"方式的改变"日益趋向"形式化、公理化、模式化"。他认为形式化、公理化及模式化等这些发展数学的过程都是数学化的过程，并认为："任何数学都是数学化的结果，不存在没有数学化的数学，不存在没有公理化的公理，也不存在没有形式化的形式。"

他据此指出：一方面，数学教学不能停留在让学生的头脑成为形形色色

---

① 朱维宗，唐海军，张洪巍. 聚焦数学教育：小学数学课堂教学生成的研究 [M]. 哈尔滨：哈尔滨工业大学出版社，2011.

公理系统的仓库，更重要的任务是教会学生能运用自己的数学思维，对一个领域进行加工、整理，从而独立地建立起一个公理体系来；另一方面，数学教学不能为形式而形式，只让学生死记硬背那些形式符号与逻辑体系，只做机械的而无内涵、无意义的运算操练，必须使学生学会用正确的数学语言来组织并表达数学的现实内容及内在联系，从而构成严谨的体系。即"与其让学生学习公理体系，不如让学生学习公理化；与其让学生学习形式体系，不如让学生学习形式化。一句话，与其让学生学习数学，不如让学生学习数学化"。他还特别指出，数学本身同样属于现实世界，因而在数学发展的过程中，必然要面对数学自身的数学化。

在这里，他强调的数学化对象有两大类，一类是现实客观事物，另一类是数学本身的内容，包括数学符号、各种观点概念以及它的运算方法和规则等。其中对客观世界的数学化，形成了数学的概念、运算法则、规律、定理以及为解决实际问题而构造的数学模型；对数学本身的数学化，是深化数学知识或者是数学知识的系统化。因此，数学化有不同的层次和特征。根据特莱弗斯的提法，可以将数学化的过程区分为水平的和垂直的两种。

其中从现实中找出数学的特性，用不同的方式将同一个问题形式化或直观化，在不同问题中识别其同构的方面以及将一个个现实问题转化为数学问题或已知的数学模型等，都是将同一个问题在水平方向扩展，称为水平数学化。过程如下：

水平数学化过程：从背景中识别数学 → 图式化 → 形式化 → 寻找关系和规律 → 识别本质 → 对应到已知的数学模型（现实的，经验的）。

而用公式表示出某个关系，证明了一个定律采用不同的模型或对模型进行加强或调整，以及形成一个新的数学概念或建立起由特殊到一般化的理论等，是将某一问题垂直地加以深入，这一过程称为垂直数学化。

垂直数学化过程：猜想公式 → 证明 → 规则 → 完善模型 → 调整综合模型形成新的数学概念，一般化过程（现实的，构造的）。

水平数学化：从"生活"到"符号"的转化过程。

垂直数学化："水平数学化后的数学化"，从低层数学到高层数学的数学化。

当然在数学化过程中，以上两方面的作用是错综复杂地纠缠在一起，不能截然分开的。

数学教育最早的做法是教师将各种结论灌输下去，学生被动地接受这些结果，死记硬背，机械模仿，不知道它们的来龙去脉，既不考虑它们有什么用处，也不问它们互相之间是否有内在联系，也建立了不少现实的模型，从而进入了经验的途径，即较多地顾及水平的数学化，使所获得的数学知识具有一定的实用价值，可以解决一些客观现实中的问题。但这些知识又往往流于琐碎、零星、不成体系，忽视了数学本身的内在联系，尤其是忽略了数学的逻辑演绎结构，较少注意数学化的纵深发展。为了纠正上述偏向，以布尔巴基观点为代表的"新数学"运动的做法，就采用了构造的途径，强调数学的演绎结构，重视逻辑推理的论证，企图以结构主义的思想来组织整个数学教育，以提高抽象的逻辑思维水平，将形成严谨的演绎结构体系作为唯一的目标，从而又由一个极端走向了另一个极端，忽视了数学的现实性，忘却了数学教育的根本目标还是要为现实世界服务。

从历史的经验教训，可以得出这样的结论：数学教育的正确途径应该是现实的数学化途径，为学生准备的课程体系应该全面地体现数学化的正确发展，既要强调现实基础，又要重视逻辑思维，既要密切注意数学的外部关系，也要充分体现数学的内在联系，要能将这两者有机地结合在一起，才是数学教育所必须遵循的正确路线。

关于数学化思想的研究还很多，除了以上关于数学化层次的划分外，人们也对实现数学化过程的教学理论进行了大量的实验和研究。首先对数学化进行教学理论研究的是荷兰的范希尔夫妇。他们从中学的几何教学出发，对学生在几何学习中表现出来的问题和困难，在理论和实践两个方面进行了探索、实验和总结，概括出关于几何学习思维水平的理论体系。

他们把几何思维划分为五个阶段：

直观阶段。其特征是学生借助直观，笼统地从整体外表上接受图形概念，但不理解其构造、关系，也不会比较。如学生知道也会画矩形、正方形，但认为这些图形是完全不同的。

分析阶段。其特征是学生开始识别图形的构造、互相之间的关系，也借助于观察、作图等方法非正式地建立起图形的许多性质，但并未掌握其中的必然联系。如他知道矩形有四个直角、对角相等、对角线相等，但并不知道这些性质互相之间的联系性。

抽象阶段。其特征是学生形成了抽象的定义，能够建立图形概念与性质之间的逻辑次序，但还未抓住演绎的实质含义，可能混合使用逻辑推理与实验观察的推导方法，还没有理解公理的作用。如他知道矩形的定义，也能在矩形的性质之间互相推导，并且还知道正方形是矩形，也是平行四边形，但还没有掌握整体的逻辑联系。

演绎阶段。其特征是学生抓住了整个的演绎体系，能在以不定义的基本关系和公理为基础的数学体系内，在定义、定理之间进行推理、理解构造和发展整个体系的逻辑结构，能理解并分析相互之间的逻辑关系，如他会从不同的定义出发来研究平行四边形的所有性质与特征构成的整个系统。

严密阶段。其特征是学生领会了现代公理系统的严密性，对于几何对象的具体性质以及几何关系的具体含义都可以不做解释，而是完全抽象地建立一般化的几何理论，这实质上已经将几何提高到一个广泛应用的领域。如他能比较各种不同的公理体系并能不用具体的几何模型来研究几何学。

捷克教育家夸美纽斯曾说："教一个活动的最好方法是演示"。弗赖登塔尔说："学一个活动的最好方式是做"。只有密切联系现实来教的数学，才能充满着各种关系，学生才能将所学的数学与现实结合起来。传统数学教学中涉及的应用，不是从具体问题出发，而是先学数学理论，将数学问题作为它的"应用"。

3. 再创造

图弗赖登塔尔指出，一个学科领域的教学论就是指与这个领域相关的教与学的组织过程。而通过数学化过程产生的数学必须由通过教学过程产生的数学教学反映出来。因此，他认为数学教学方法的核心是学生的"再创造"，并指出这和我们常常说的"发现学习"并不等同这里理解的创造，是学习过程中的若干步骤，这些步骤的重要性在于再创造的"再"，而"创造"则既包括了内容又包含了形式。

根据对数学的看法及数学发展历史进程的分析，弗赖登塔尔认为数学的根源在于普通常识，数学实质上是人们常识的系统化，是最容易创造的科学。为此，在教学时教师不必将各种规则、定律灌输给学生，而是应该创造合适的条件，提供很多具体的例子，让学生在实践的过程中，自己"再创造"出各种数学知识。即应该让每个人在学习数学的过程中，根据自己的体验，用自己的思维方式，重新创造有关的数学知识。当然，这也并非机械地重复，只是在某种意义上重复人类的学习过程，重复数学创造的历史。

弗赖登塔尔认真分析了两种数学，一种是现成的或者是已完成的数学，另一种是活动的或创造的数学。其中"现成的数学"以形式演绎的面目出现，颠倒了数学的实际创造过程，给予人们的是思维的结果。对此，他指出：数学家向来都不是按照他创造数学的思维去叙述他的工作成果，而是恰好相反，把思维过程颠倒过来，把结果作为出发点，去把其他的东西推导出来，并将这种叙述方法称为"违反教学法的颠倒"①。而"活动的数学"则是数学家发现数学过程的真实体现，它表现了数学是一种艰难而又生动有趣的活动。弗赖登塔尔指出：传统的数学教育传授的是现成的数学，是反教学法的，学习数学唯一正确的方法是实行"再创造"，也就是由学生自己去把要学的东西创造或发现出来，教师的任务是引导和帮助学生进行这种"再创造"工作，而不是把现成的知识灌溉给学生。他认为这是一种最自然、最有效的学习方法。说它最自然，是因为生物学上"个体发展过程是群体发展过程的重现"，这条原理在数学学习上也是成立的。即数学发展的历程也应该在每个人身上重现，这才符合人的认识规律。当然其中走过的弯路、进过的死胡同，这样的历程就不必让它在学生的身上重现。而说它最有效，是因为只有通过自己的再创造而获得的知识才能被掌握且可以灵活应用。

对于"再创造"学习方式的依据，弗赖登塔尔除了给出以上数学方面的依据外，还给出了以下合理的教育学方面的依据：

（1）通过自身活动所得到的知识与能力比由旁人硬塞给的理解得更透彻，掌握得更快，同时也善于使用它们，一般来说还可以保持长久的记忆。

（2）发现是一种乐趣，因而通过"再创造"来进行学习就能引起学生的兴趣，从而使学生具有学习的动力。

（3）通过"再创造"方式可以进一步促使人们形成对数学教育是一种人类活动的看法。

数学教育问题有两个方面，一方面教的内容是数学，这是一门以严谨的逻辑演绎体系为特征的科学；另一方面作为教育它又与社会有着千丝万缕的联系，社会的需要、社会的变化时刻在影响着它，因而解决教育问题不能通过一篇论文，而要通过一个过程。解决数学教育问题，也不能单靠数学家或是教育家，而是必须依靠教育过程的参加者——教育者与受教育者。"再创造"原则的提出反映出教育过程必须通过教师与学生双方的积极参与才能解决问题，尤其是更体现了学生是学习的主体这一思想，让学生更为主动地投入教育这个活动中去。

当然，由于每个人有不同的"数学现实"，每个人也可能处在不同的思维水平，因而不同的人可以追求并达到不同的水平。为此，在教学中，对于学生各种独特的解法，甚至不着边际的想法都不应该加以阻挠，应让学生充分发展，充分享有"再创造"的自由，让他们走自己的路。但学生的这种自

---

① 程卫东，王永辉．现代教育在中学数学教学中的探索 [M]．长春：吉林人民出版社，2019．

己行走不应该是盲目的、无序的，它需要教师在适当的时机引导学生加强反思，巩固已经获得的知识，以提高其思维水平，其中尤其必须注意加强有意识的启发，以使学生的"再创造"活动逐步由不自觉或无目的的状态发展成为有意识或有目的的创造活动，尽量促使每个学生所能达到的水平尽可能地提高。即学生从事的应是一种有指导的再创造学习活动。这种有指导的"再创造"就意味着师生要在创造的自由性和指导的约束性之间，在学生取得自己的乐趣和满足教师的要求之间，在教的强迫性和学的自由性之间，达到一种微妙而和谐的平衡。也即师生应在以教师启发为核心的教和以学生探究为中心的学之间寻找一个最为恰当的地带。

　　根据以上的观点，弗赖登塔尔认为这种有指导的再创造可在以下原则下更好地进行：

　　（1）在学生当前的现实中选择学习情境，使其适合数学化水平。

　　（2）为纵向（垂直）数学化提供手段和工具。

　　（3）相互作用的教学系统。对于教与学的过程，是观察还是加强，是使它们结合还是使它们分离确实需要而且应该允许有灵活性，相互影响意味着教师与学生双方既都是动因，同时又都互相起作用，教与学应该是相辅相成的。

　　（4）承认和鼓励学生的成果。这是有指导的"创造"教学中最基本的一条原则。每个人都有自我价值实现的愿望，自我价值的实现对学生积极主动地学习有极大的推动作用，是学生学习动力的源泉。

　　（5）将所学的各个部分结合起来。在不可避免地出现杂乱状态时，可以继续下去的机会就是能够和别的内容联系起来，使之成为一个交织的起点，并合乎逻辑地延续下去。

　　在日常的教学中，人们常对"再创造"教学和"现法教学"有所混淆。对此，弗赖登塔尔从两个方面进行了回答。在他看来"发现法教学"也强调教师应该让学生通过自己的活动来发现有关的知识，而且从某种意义上来说，"发现法"也是一种"再创造"的形式。只是一般而言，"发现法"教学的内容常常只限于某个题材，或是用一些具体的材料，并未真正接触其中的数学思维的本质；同时"发现法"教学的具体做法，常常是由教师事先设计好一个个问题，学生还是处于被动状态。为此，他认为也许可以把"发现法"理解为带有一定限制条件的"再创造"，或者说是处于低水平的一种"再创造"活动，必须进一步发展而不可局限于此。

　　最后，他主张"再创造"应该贯串于数学教育的整个体系，并认为实现这个方式的前提，是把数学教育作为一个活动过程来加以分析。在这个活动过程中，学生应该始终处于一种积极的状态，要参与这个活动，感觉到创造的需要，于是才有可能进行"再创造"。教师的任务就是为学生提供自由广阔的天地，听任各种不同思维、不同方法自由发展，不可对内容做任何限制。

可以说，弗赖登塔尔的"再创造"思想是由其"数学现实"和"数学化"思想综合产生的数学认识论问题，是他的"建构主义"数学教学观的精华所在。他这一思想的提出不仅更好地反映了数学教学过程必须通过师生双方的积极参与才能完成，尤其体现了"学生是学习主体"这一思想，让学生的活动更为主动有效，使学生自觉、主动、深层次参与教学的过程。

4. 反思

何谓反思？弗赖登塔尔认为："从别人那里反射自己，就像白天和黑夜，自己反射自己，也就是反省或反思。"他指出：反思是一种重要的数学活动，是数学活动的核心和动力。数学的发现来自直觉，而分析直觉理解的原因是通向证明的道路。为此必须教育学生对自己的判断与活动甚至语言表达进行思考并加以证实，以便使他们学会反思，只有这样教育才能真正培养学生的数学能力。

在日常的教学中，反思可以激发学生的数学想象力，在一些高度抽象的领域中，经过数学家的巧妙构思，能够想象出一些全新的数学结构。美国数学家 M·克莱因指出："那些在真实世界里没有直接对应物的概念之所以被引进并逐步被接受，确实迫使人们承认数学是一种多少带有任意性的创造物，而不仅仅是从自然界里引导出来的本质上是真实事物的一种理想化。"但是，随着这种认识的深化，带来了更加意义深远的发现数学并不是关于自然的真理。

反思和想象可以促进数学猜想，它是建立、丰富和发展数学理论的中介与桥梁。在数学教育中，应该通过反思来激发学生的数学想象力，使之勇于提出数学猜想。

以上是对弗赖登塔尔数学教育思想的介绍，不难发现弗赖登塔尔数学教育思想的出发点是数学的本质和特性，数学是人们常识的系统化，是人类对现实世界经验的总结，数学具有抽象性、精确性和应用得极其广泛性，关注的是如何把数学以最好的方式教给不同的人。

二、建构主义理论

建构主义最早由瑞士心理学家皮亚杰于 20 世纪 60 年代提出，是认知心理学的一个分支，它较好地揭示了人类学习过程的认知规律。建构主义学习理论强调以学生为中心，强调学习者的认知主体作用，但不忽视教师的指导作用，认为学生是学习的主体，是认知和信息加工的主体，是知识意义的主动建构者。

（一）建构主义理论的知识观

教科书上显示的文字性知识是对日常生活中遇到的自然现象、社会现象和科学生产过程中的原理和规律的解释。一切科学真理都要随着社会发展和科学进步而变革、升华和改变，教科书上所给出的知识并不是问题的最终答案。知识不是绝对的、一成不变的，也无法给出解决问题的具体方法，更不能外化成一个人的行为规范和准则。在阐释某个具体问题时，不能严格按照脉络去理解，而要结合问题的特点，在已有认知体系的基础上加以整理加工，并寻求科学的解决方法。学生对于所要研习的内容进行的理解是以学生已经存在的知识结构为基础的。

建构主义理论的知识观指出，灌输给学生的知识无法被学生理解和接受，要深入理解和内化知识需要由学生在具体的学习情境中去发现和理解。在这个过程中，教师不能处于绝对的权威地位，需要在事实中影响和启发学生。教师要鼓励学生去探究与创新，在知识的学习中要多提问，多质疑、多思考、多实践，逐渐养成良好的学习习惯。

（二）建构主义理论的学习观

学习是学生自身内在知识体系表征的构建过程，这是建构主义学习理论的核心所在。学生的学习并不是对外界给出现成的原理、规律的死记硬背，更不像搬家，把知识从一个地方挪到另一个地方，而应该要以自己原有的认知结构为基础，将自己已有的知识结构与外界信息相融合，从而构建起更完整的知识体系。学习有三个重要特征：学生的学习是一个主动获取知识的过程、学生的学习需要在具体的情境中完成、学生的学习需要在与其他人的合作交流中完成的（即具有社会性）。学习并不是被动地接受教育者所授予的知识，而需要学生在特定的情境之下，在教育者和其他学生的共同努力下，充分应用可利用的资源对外界刺激做出思考与分析，并与小组成员进行讨论交流，以形成自己的理解。

学生的学习是在具体情境中完成的，具体的情境、实例能极大地促进学生对外界刺激的思考分析及内化过程，最终使认知网络得以补充、修整及完善，以实现知识体系自我建构的目的。学生的学习环境在建构主义理论的要求下必须满足以下要求：教学不但要分析学生的学习内容，还应该创设出对学生有益的学习情境。"协作"是指小组内成员之间或小组之间的互动，这在学生的整个学习过程中都有着不可替代的作用，直接体现了学习的主动性。学生对外界所提供的信息的思考与分析，对资料的搜集与分析，对验证性假设的提出与分析，对学习效果的评价与分析，对新知识体系的内化与形成。

协作是由"会话"和实际操作构成的，二者缺一不可。在对所学习的内容进行交流讨论时，除了肢体语言之外还是以会话为主，每位学生的成果将作为整个小组的共享资源，整个小组共同完成对知识的建构。课堂教学中有两种常用的协作学习的形式，即分小组进行的协作学习和全班学生的互动交流。所以，会话是有意义的建构中的一种主要的技术。"意义建构"是指学生在外界刺激或"情境"学习中经过自身的思考分析、小组内或小组间的"协作""会话"，最终经过自身的内化，改变或补充原有的知识经验，以形成的新的、更完整的知识网络体系，即不断地发生同化和顺应，最终在原有的知识体系的基础上形成新的知识结构。

（三）建构主义理论的教师观

学生在学习过程中，主要面对的是教师和小组成员，而教师就是整个课堂的组织者，主要负责创设有利于学生学习的问题情境。教师不能作为知识的传播者，应该让学生在给定的外界刺激和情境中思考分析。教师应指导学生在自身已有的认知体系基础上构建新内容，以此为指导来帮助学生构建并完善知识体系。

建构主义理论在针对学生的有意义的学习上有两种不同的看法。一种是主张将学生作为教育教学的中心，如杜威的经验性学习理论。另一种是将学生作为教育教学中心的同时不忽略教师的主导地位，即"一个中心，一个主导"，如布鲁纳的发现学习理论和维果斯基的社会文化历史心理发展理论。

在建构主义理论指导下进行教育教学的过程中，教师也要不断地进行知识的建构，随着社会的不断发展，对自己的教育教学方式与方法及时做出调整，以适应社会的发展和学生需求的不断变化。在这一过程中，师生是互动与对等的协作关系，而不是教学环境中的灌输者与接受者的关系。在建构主义理论中，教师应该根据知识的特点设计出有助于学生建构知识体系的教学情境，组织并参与学生学习活动中的协作与会话，促进和引导教学双边活动的顺利进行，最终帮助学生达成对新知识体系的主动建构。建构主义理念通过具体情境和题目的设置与应用来引导教师开展教学，引导学生通过小组成员间的互动交流进行学习，并且始终"以学生为中心"①。

学生已有的经验具有多样性，教师所使用的教学策略与方法也必须具有多样性，而最终的教学效果也是多样化的。这也需要教师在对教育教学过程中以学生已有的经验为基础，顾及学生的潜能，使学生勤思考，多交流，善归纳，始终使教学活动围绕着学生来进行，并熟练掌握学生已有的认知结构，建立"邻近发展区"，让每一位学生的能力都有所提高。教师在该理论的支撑下，对学生进行全方位地评价，而不是仅仅以学生的课业成绩作为唯一的判断标准。教师应始终以发展学生的综合素养为方针来开展教学活动。

（四）建构主义理论的学生观

在建构主义理论学生观的支持下，教学活动中教师的教学设计要以学生为课堂教学的主角，而环境只起到促进作用。学生在学习中要努力提高自身的自立性，积极地参与到教学活动中去，自己去完成知识的意义建构。

建构主义理念指出，学生在对所学内容的研究之前，要对所要学习的内容有自己的体会和了解。在建构主义理论指导下的教学中，教师不能对学生进行"填鸭式"的教学，而应该将学生自身已有的认知结构和学习技能作为新知识的萌发点。

师生之间、生生之间应该一起针对某个具体的问题加以探究，在探究中互相协商和讨论，将自己的观点与别人进行交流，相互之间要持有怀疑的态度，了解他人的思考方式。因为每一位学生的生活环境不同，导致他们所形成的认知是千差万别的，学生对同一个问题的理解与分析往往有所不同，而实际上，这些不同点经过学生的协作与会话得以交流，会成为学生进行意义构建的宝贵资源。

---

① 魏兵，郭玉玮，于俊美.化学教学策略与案例分析 [M].青岛：中国海洋大学出版社，2019.

三、情境认知理论

该理论不是把知识作为心理内部的表征，而是把知识视为个人和社会或物理情境之间联系的属性以及互动的产物，认为思维和学习只有在特定的情境中才会有意义。在特定情境中获得的知识要比所谓的一般知识更加有力和更加有用。情境学习理论认为，学习不仅仅是为了获得事实性的知识，同时还要求学习者参与文化实践。知识如同生活中的工具，学习者只有通过对它的理解和使用，才能在不同情境中进行知识的意义协商。

（一）情境认知理论的知识观

情境认知理论认为，所有的知识都和语言一样，其组成部分都是对世界的索引。知识源于真实的活动和情境，并且只有在运用的过程中才能被理解。因而，只有在丰富的社会真实情境中运用知识，人们才能真正理解它的内涵并正确、灵活地使用知识。知识是活动、背景和文化产品的一部分，它正是在活动中，在丰富的情境中，在文化中不断地得到运用和发展。情境认知之所以将知识看作工具，是因为知识和工具一样只有在应用的过程中才能完全被理解，它的概念既是情境性的，又是通过活动和运用而不断发展的。情境认知理论不是把知识作为心理内部的表征，而是把知识视为个人和社会或物理情境之间联系的属性以及互动的产物，并试图通过实践中的活动和社会性互动促进学生的文化适应。情境学习理论要求注意知识表征的多元化问题，并加强各种知识表征（语义的、情节的和动作的）之间的联系，同时注意使知识表征与多样化的情境关联，并要求处理好情境化与非情境化之间的平衡。

（二）情境认知理论的学习观

情境认知理论认为，学习要在一定的情境或文化中发生才有效。这样的学习有利于提高学生解决问题的能力，而脱离情境的学习则无此效果。因此，真实活动是学习者进行有意义、有目的的学习的重要途径，对学习者知识的获得十分重要，应当成为学习的中心。

（三）情境认知理论的教学观

情境认知理论认为只有当学习被镶嵌在运用该知识的情境中时，有意义学习才有可能发生。因此，在教学中要提供真实的情境与活动，以反映知识在真实生活中的应用方式，为理解和经验的互动创造机会，提供接近专家以及对其工作过程进行观察与模拟的机会；在学习过程中为学习者创设可扮演多重角色、产生出多重观点的情境提供可能的帮助；构建学习共同体和实践共同体，支撑知识的社会协作性建构；促进对学习过程与结果的反思以便从中汲取经验，促进清晰表达以便使缄默知识转变为明确知识。

（四）情境认知理论的评价观

情境认知理论认为，评价必须模拟真实性任务，并能引发学习者进行比较复杂又具有挑战性的思维。同时，在确定评价标准时，必须考虑到问题是有多个角度的，因此答案不是唯一的。评价的焦点应是真实情境中解决问题的认知过程，使学习者不仅关注测试的结果，更要注意自己认知策略和知识结构的发展。另外还要提供对于学习的真实性、整合性的评价。

第三节　新课程改革背景下初中数学课堂的解读

一、新课改背景下初中数学课堂高效教学的基本原则

（一）逻辑性与适当性相结合原则

数学课程的逻辑性是数学科学的基本特点，主要是指任何数学公式及结论都必须经过严密的逻辑推理，并且加以证明才能被承认。数学课程的适当性主要是指数学课程的逻辑性要与初中生心理发展的规律相结合，注重学生的接受水平，适时适当地调整教学内容，注重知识结构的发展规律，循序渐进地培养学生的逻辑思维能力。

（二）抽象性与具体性相结合原则

数学课程的抽象性不能运用反复的实验来检验，只能借助于严格的逻辑推理来实现，它仅仅保留数量关系和空间形式。具体性主要指将抽象的事物通过具体的事物表现出来。学生受年龄、理解能力、认识能力等方面的影响，抽象思维具有一定的局限性。为使学生更好地向理论型抽象思维过渡，教学中要注重抽象与具体相结合，如立方体的几何图形可以通过粉笔盒等具体实物来认识其性质，培养学生的空间想象能力。

（三）理论与实践相结合原则

理论与实践是辩证统一的关系，理论指导实践，实践又反作用于理论，促进其完善。数学理论具有应用性，能指导人们的日常生活，学生在数学学习的过程中应该将理论与实践结合起来，在实践中强化和巩固所学知识，在学习间接知识的过程中指导实践，培养学生的动手操作能力。

（四）教学与科研相结合原则

新课改中对于教师的培养更加注重教师科研能力的发展，实质上教学与科研应该是同步的，教师在教学的过程中关注学生的参与状况、学习方法、思考状况、个性发展以及心理承受能力，提高自身的发现、分析、解决问题的能力，找到促进学生全面发展的具体方法，提高自己的科研能力。

（五）注重学生发展的原则

教学应该注重学生的德育、智育、体育、美育、劳动和心理健康的全面发展从学生的实际情况出发，注重学生的心理发展规律和记忆发展规律，让学生成为能课堂的主角，促进学生个性发展，锻炼实践能力，合理安排教学内容，培养学生的创新意识和创新能力。

二、新课改背景下初中数学课堂高效教学的评价标准

（一）教学内容的高效性标准

教学内容的高效性主要通过以下四个指标来体现，即：教学目标、授课内容、课堂练习、作业布置。第一，教学目标。教学内容的设置要依据实现知识与技能、能过程与方法，也要注重技、情感态度与价值观的三维教学目标来设定。既要注重知识的掌握的培养，强调学习的过程，也要找到学习的方法。既要注重情态度的养成突出重点，也要帮助学生形成正确的人生观、价值观。教学目标要分出主次突破难点，使学生在有限的时间内尽可能多地掌握数学知识。第二，授课内容。为使课堂教学达到预期的效果，教师积极的课前准备是重要前提。结合教学目标，教师要将课前准备、新课导入，达到有效教学的目的。第三，课堂练习。课堂练习是巩固课堂知识的重要手段，课堂练习的题目要具有针对性。旨在帮助学生灵活运用，培养学习数学的信心。第四，作业布置。教师要结合个体发展的差异性原则，根据学生水

平的不同布置不同的作业，达到作业分层，提高全体学生的数学成绩。

（二）教学过程的高效性标准

生动活泼的教学过程是课堂教学有效的关键。教学方法是教师和学生为了实现共同的教学目标，完成共同的教学任务，在教学过程中运用的方式与方法的总称。它包括了教师的教法和学生的学法。课堂设计主要指多媒体课件的设计，板书的设计以及合理的提问方式。教师只有在教学的过程中找到适合自己的教学方法，运用诙谐幽默的提问方式，运用现代化的教学手段，就一定能够引起学生的注意，培养学生的学习兴趣，提高课堂效率，完成既定的教学目标。

（三）教学效果的高效性标准

有效的教学效果的评价指标主要有：第一，课堂管理。合理有序的课堂环境对于教学的顺利开展是十分重要的。这要求教师要合理安排授课时间、注重课堂气氛的调节。第二，教师素质。主要包括教师的谈吐、着装、修养、处理突发事件的能力等。教师的个人魅力成为吸引学生眼球的重要因素，初中生对于个人魅力的评价有自己的标准，因为喜欢这个老师而喜欢这门课的现象层出不穷。第三，学生发展。教学的最终目的是促进学生的全面发展，课堂教学是否有效，关键在于是否能促进学生的全面发展。课堂教学高效性注重的是全体学生的发展，教师要注重学生的个体差异性，培养学生的分析问题、解决问题的能力。

（四）学习兴趣的高效性标准

一堂有效的数学课，不仅仅要求教师完成一定的教学目标，帮助学生掌握一定的知识，更重要的是培养学生的学习兴趣。试想，如果学生在课堂上掌握了足够的数学知识，但是对数学产生了严重的厌学情绪，那么，这堂数学课程注定是失败的，而学生的学习兴趣主要从学生的学习方式、学习参与和学习结果三个方面来反映。

第四节　数学课堂教学模式

一、基本教学模式

教学实践是数学教学模式理论生成的逻辑起点。数学教学模式在学科教学中具有具体的存在形式，是在一定的数学教育思想指导下，以实践为基础形成的。数学教学模式受社会文化的影响，表现为一定的倾向性。数学教学模式通常是将一些优秀数学教师的教学方法加以概括、规范，上升为理论，并在实践中不断完善。

我们依照主导性教学特征的发生顺序将教学模式分为四种形式。

（一）讲授式教学模式

这种教学模式的基本特征是师生关系与"讲解—接受"相对应，所体现的教学方法通常表现为，教师对教材内容做系统、重点的讲述与分析，学生集中倾听。这种教学法的主动权在教师，是教师运用智慧，通过语言和非语言，动用情感、意志、性格和气质等个性心理品质向学生传授数学知识。讲授数学的成效极大地依赖于讲授水平，高水平的讲授突出体现三个方面：一是充实概念内涵，扩大外延，使概念具体化、明晰化；二是充分考虑学生的数学思维水平，运用恰当的举例、比喻，借助学生在已有的知识、经验的基础上，深入浅出地阐述问题；三是讲授方法，通过提出问题、分析问题、解决问题，挖掘数学知识。

讲授式教学模式的特点是可使学生有效地在一定时间内掌握较多的信息，但在这种模式中，学生处于被动地接受教师所提供信息的地位，所以不利于学生主动性的发挥。然而，接受学习不一定都是机械被动的，关键在于教师能否激发学生的学习积极性，并引导他们从原有的知识结构中提取相关联的知识，接纳新知识。

讲授式教学毕竟只是讲授者单方面的教学活动，易使学生陷于被动接受知识的状态，所以有一定局限性。随着教育的发展和教学理念的转变，讲授式教学模式也在不断改良，已经从实在性讲授逐步转向松散性讲授，即在讲授过程中渗透学生的自主活动，以达到最佳讲授效果。

（二）引导发现式教学模式

引导发现式教学模式大致起源于 20 世纪 70 年代末。引导发现式教学模式是指学生在教师的指导下，通过阅读、观察、实验、思考、讨论等方式，发现一些问题，总结一些规律。这种教学模式的显著特点是注重知识的发生、发展过程，让学生自己发现问题，主动获取知识，所以有利于体现学生的主体地位和掌握解决问题的方法。

引导发现式教学一般适用于新概念或新知识的讲授，教师在一些重要的定义、定律、公式、法则等的教学中，为学生创设发现知识的机会和条件，让学生经历知识的探索过程，在这一过程中锻炼学生的思维能力。引导发现式教学也可用于课外教学活动，学生根据自己已有的知识经验发现和探索现实中的数学问题。

引导发现式教学的主要目标是学习发现问题的方法，培养、提高学生的创造性思维能力，主要过程包括：

1. 教师精心设计问题情境。
2. 学生基于对问题的分析，提出假设。
3. 在教师的引导下，学生对问题进行论证，形成确切的概念。
4. 学生通过实例证明或辨认所获得的知识。
5. 教师引导学生分析思维过程，形成新的认知结构。

（三）活动式教学模式

活动式教学是学生在教师指导下，通过实验、操作、游戏等活动，以主体的实际体验，借助感官和肢体理解数学知识的一种数学教学模式。小学阶段开展活动式教学的时间较早，而中学阶段的活动式教学开始于 20 世纪 90 年代。活动没有形式和规模之分，可以是现实材料活动，也可以是电脑模拟活动；可以是小组活动，也可以是班级活动；活动可以在课内进行，也可以在课外进行。

数学活动包括电脑操作、测量、数数、称重、画图、处理数据、比较、分类等。设计优异的实验既能提高学生的学习兴趣，又能帮助学生理解概念。如借助电脑软件，能够发现数学的很多相关概念；借助直尺、圆规等工具，能够发现平面几何中的有关定理；借助计算器，能够做近似计算、画模拟曲线等。为了达到设定的活动教学目标，活动要周密部署，教师要事前充分准备，有时教师还要事先试做，必要时修改活动方案，确保活动达到预期目的。

（四）现代技术教学模式

利用计算机软件或多媒体技术制作课件，辅助数学教学的方法称为现代技术辅助法。随着信息化时代的到来和信息产品的普及，越来越多的数学教师在教学中使用现代技术教学手段。数学课程标准要求教师要恰当地使用信息技术，引导学生借助信息技术学习数学内容，探索研究一些有意义、有价值的数学问题。

利用现代技术将数学现实化、直观化、效能化（减少复杂的计算或操作），能够提高学生学习数学的兴趣。计算机的教学功能主要是演示和实验，演示的作用在于把抽象的数学概念具体化、动态化，帮助学生理解数学概念[1]，而数学实验的作用在于让学生利用计算机及软件的数值功能和图形功能展示基本概念和结论，根据具体的问题和任务，让学生自己动手和观察实验结果并发现和总结其中的规律。

二、对数学教学模式的认识

数学教学模式受社会文化的影响，反映了以下特点：

文化性——数学教学模式带有社会文化的烙印，到了信息技术时代，提倡信息技术与数学教学整合。

交合性——数学教学模式不是孤立的，不同的教学模式在实践中往往交合在一起使用，交合的效果强于单一的效果。

主观性——数学教师倾向于哪一种教学模式，与教师的观念、行为、习惯、知识水平、信息技术技能水平有关。坚持学科价值的教师多倾向于讲授式教学模式，崇尚人文价值的教师多倾向于引导发现式教学模式，教师在教学中使用现代技术辅助教学的频率自然就比较高。

客观性——数学教学模式的倾向也取决于教学条件和学生因素，与学生的知识基础、学生的班级规模、学校的条件以及学生的文化背景等因素有关。

随着教育改革的深入，数学教学不再追求统一化、程序化，数学教学方式越来越灵活，现代技术方法逐步渗入，因而要正确认识数学教学模式的倾向性。

---

[1]　公成敏.教育科学与技术在数学课堂教学优化中的应用研究[M].成都：电子科技大学出版社，2019.

（一）相对性

数学教学模式的相对性是指一种教学方式的采纳与否是相对于所要达成的教学目标而言的。比如，是学习新知识还是复习巩固旧知识；学习内容是抽象的概念、定理还是具体的计算、绘图；是做普通练习题还是解决实际问题。针对不同的目标，选择的教学方式可以不同。一种教学方式的有效范围是有限的，没有适用于各种学习活动的数学教学方式，万能的教学模式是不存在的。单一的教学方式不能适应学习的复杂性，不能反映数学教学的本质规律，难以在教学实践中贯彻执行数学教学的基本原则。单从教学效果上看，各种教学方式也并无优劣之分，比如，讲授式与引导发现式的教学效果主要取决于教师的教法设计或教学过程的组织。

（二）局限性

数学教学模式的局限性是指任何一种教学模式的功能都不能体现所有的学习现象。每一种教学模式的形成都来自课程的驱动，与课程目标、课程内容、课程评价等方面的要求密切相关。比如，在数学课程标准引导下的课程改革提出了学习数学知识，体验过程掌握方法，培养数学情感与价值观，这就要求讲授式教学模式必须有所发展，但也绝不能被废弃。当前比较提倡的引导发现式教学模式很适合数学课程标准的理念，这类形式的教学方法无论是在促进学习知识，还是在培养学生对未来生活、工作的适应能力上都十分有价值。然而，从教学内容上看，并不是所有内容都适合使用发现法进行教学。有些内容（或方法）的原创发现十分艰难，可能有偶然因素，再现这类过程既困难又无必要，但可以通过学生对知识的经验去验证"发现"。比如，无理数的发现，当时的很多数学家对无理数都持排斥态度。要学生发现无理数的思维要求就过高，但可以让学生通过计算满足 $a^2=2$ 中的 a，用计算器逐次去逼近，发现无限不循环小数的确存在。又比如，现代技术辅助教学模式虽然符合潮流，但对教学的内容应有所选择，屏幕上的变化与显示适合直觉思维而未必适合培养逻辑思维。

（三）互补性

每一种教学模式中的教法都与其他教学模式中的教法存在互补的可能性和现实性，这种可能性和现实性取决于数学学习的各种要求。学生在学习抽象数学的过程中需要教师的帮助，此时教师的认真分析与讲解很有必要。同时，教师还有责任引导学生发现和掌握数学思想方法，引导发现式教学也不可少。当然，学生解决实际问题的能力又离不开对数学活动的体验，包括信息技术的应用。实际教学过程中只有适时地使用各种教学方法，才能完成不同的教学要求，达到相应的教学目标。

总之，每一种教学模式都有其独特的性能、适合的对象和条件，根据具体内容进行取舍、综合。从教育理论来说，有意义地接受学习与探究的发现式学习具有一定的合理成分。

第五节　数学课堂教与学的认识方式

一、教学认识方式

（一）数学教学认识活动

教学活动是师生双方共同的活动，教学作为一种认识方式也是师生双方共同的认识。根据现代教学认识理论，在教学认识过程中，教师是组织者、计划者和引导者。教师的作用是帮助学生对数学内容进行有目的地再组织，通过教师的活动，把教材的功能和学生活动的功能统一到认识过程之中。教师作为有预见性的组织者，将教学内容进行规划，通过预设问题和适当的语言制造活动情境，化抽象为直观，唤醒学生的记忆，激发学生的学习动机，在有效对话交流中获取知识和能力。

数学教材是以规定或结论的陈述为固定信息对知识进行传递的，其抽象信息对于学生的认识会有一定的障碍。扫清这些障碍需要在教学认识活动中通过教师的指导来加以明确，通过教师再现数学知识生成的情景，赋予抽象知识直观的意义，让学生感受知识的形成过程。由于知识比较抽象，学生还没有具备通过阅读获取知识信息的能力，特别是获取隐藏在知识背后的思维价值的能力，所以要通过认识活动把这些有"价值"的成分挖掘出来，成为学生认识的动力。主体认识以活动为依托，以揭示数学知识联系、培养必要的技能为目的，以互动和训练为手段，使学生在知识简缩化的过程中掌握知识。但掌握的程度需要有学生能够接受信息来支撑，要了解学生接受信息的渠道和效果。学生接受信息的渠道一般来说是书面文字和口头语言，前者是教材的学习，后者是活动中的学习。

教学活动是教材与学生的连接通道，对学生而言，需要通过活动强化教材和赋予教材更明白的意义。学生在活动中，通过教师的语言指导和自己的主动认识，找到教材所需要的数学知识。对于教材而言，需要通过活动调动学生感知教材的兴趣。对于教学活动本身而言，可以借助活动来增强学生对教学活动的认知性和感悟力。

在教学认识活动中，教师的作用一方面是把重点知识凸显出来，让教材的功能得到充分地发挥。另一方面是对于教材中比较次要的知识，虽然学生比较好掌握，但它们也是系统知识中不可忽视的逻辑链条，所以教师仍然要通过活动进行调节，让学生了解它们与重点知识的关系，来保证这部分知识达到一定的教学要求。从另一个角度看，次要的知识也要靠教材来支持，学生课堂上清楚了，阅读教材也就有了更明确的认识。但也要清楚还有某些次要的信息，教师不一定全都纳入课堂活动之中，仍需要学生自己阅读教材来解决。对于重点强调的部分，虽然教师花了较多时间和精力进行讲解，但由于学生接受信息时总还是处于一种被动状态，对所学的重点来不及思考和消化，课后回顾仍需要阅读教材，所以教材的主要作用是对教学活动的支持。

（二）数学活动中学生的认识对象

第一，获得教学要求之内的数学基础知识的认识。学生学习和掌握数学知识是双重获得的，既要获得数学知识的掌握，又要获得掌握这些知识的方式。在一个数学知识体系中，概念和数学基本原理是知识的节点，形成概念的定义体现了数学的逻辑形式。任何一个定义的产生，都有它的实际过程，要想象前人发现定义的过程，达到理解定义、训练思维的目的。学生通过对概念和原理的认识，明确知识间确定的、内在的实质性关系。知识需要内化为个体的经验，才能持续参与认识，这决定了数学学习应当且必须注重知识内在关联的系统化的学习，也决定了数学教学认识活动的方向。

数学学习认识活动，总是开始于感性直观。由于数学知识具有一定的抽象性，要保证教学的感性直观，对教师而言，要从概念生成入手，讲清概念的具体形象，用与学生原有概念的比较，来识别概念的特征或用例子进行说明，让学生能够获得比较清晰的认识。在引入新概念时，把相关的旧概念联系起来，让学生把某种情境用数学语言加以表征；在形成概念时，留给学生充足的思维空间，多角度、全方位地提出有价值的问题并与学生对话，让学生思考，指导学生自主地建构新概念。在辨识概念时，鼓励学生质疑，学贵有疑。在学习数学定理、公式、方法时，离不开对命题的证明，要结合实际情况，在证明命题前为学生创设认知冲突的疑惑情境，让学生清楚什么是数学证明。并且知道数学证明的价值及其局限性。对于学生而言，巩固原有的知识基础，保持清醒的头脑对于学习新知识是非常重要的。原有基础在学习新知识时可以起到感性直观的作用，这是因为任何知识的产生都是在原有知识基础上的。事实上认识的获得与发展都是通过具体分析、抽象，对感性材料作筛选识别，抽取并概括出一定抽象的规定，超越感性的具体限制，不断地形成经验。

第二，获得教学要求之内的数学基本技能的认识。技能是能力在某方面强化的结果，数学学习不仅要具备一定的经验，更要具备一定的技能。数学技能训练离不开数学知识和数学命题的应用，反过来数学新的技能又以更高级的动作对数学知识和命题进行加工重组，产生新的数学关系，这也是数学自身发展的一个规律。技能在形成过程中，思维重组是不断完善的。一是从活动结构的改变上，许多局部动作联合成一个完整的动作系统，使动作由具体上升为概括，动作之间的干扰现象以及多余动作逐渐消失，逻辑严密，程序清楚。二是从动作的速度上，使动作速度加快和提高动作的准确性、协调性、稳定性和灵活性。三是在动作的调节上，视觉控制减弱，动作控制加强，产生自动化效果。数学思维技能是数学教学活动中培养的主要目标之一。学生获得数学思维技能的认识，一方面在教师的指导下，通过理解数学概念，训练思维的概括性、灵活性来获得；另一方面通过学生自己的认识活动（比如反思、强化等）来获得。同时还有一个使知识具体化的认识过程，即在数学知识的应用中，进一步把数学中的各种规定按照它们在总体中的真实关系具体结合起来，从本质的抽象走向"思维中的具体"。因此，技能的认识不能只满足于对抽象的概念、规则的理解和记忆，而要进一步深入，把握它在具体问题中的复杂关系和具体变化。

学生技能的培养，需要帮助学生掌握操作性知识，积累操作经验。

首先，开展活动和使用工具。传统的教学观认为，学习发生与否取决于教师，学习的过程就是教师呈现、组织和传递知识的过程，学生要尽可能多地吸收教师传授的知识。现代教学观点则倾向于学习是一个主动的、有目标的获取知识的过程。在这个学习过程中，活动是教学效果的有力保证，教师要设计相应的活动，包括师生互动、生生互动、练习交流等，训练学生掌握知识和应用知识的技能。学生通过不断接受和消化教师所提供的信息，努力体验互动所获得的相关经验，再由训练获得知识的内化，使学生能以一种具有个人特点的、有意义的方式来构建自己的知识结构。在教学活动中，要让学生在知识的应用中掌握方法，在方法的运用中提升知识。方法的运用本身就是工具的选择，数学工具也是确定了程序的模式，因此，运用的方式都要力求正确，运用的过程要力求规范。学生每学习一个或多个新的知识，都必须掌握新知识应用的方法。

其次，教师做好示范动作。教师是联结学生和教材的桥梁，从心理学的角度来说，教师是影响学生和教学过程众多因素中最积极、最活跃的一个因素，它是主动的、是能影响其他因素的因素。教师对学生的影响是在特定的环境和特定的活动中进行的，学生是活动的主体，也会以有意识、有系统的学习来接受这种影响。在这种环境下，教师的示范动作对学生有显著的影响。活动中教师的示范作用体现在两个方面：一个是教师应用知识解决问题。教师选择的范例对学生形成了有兴趣的问题，能激发学生的求知动机和愿意动作的心理；教师独特的分析思路和严谨的语言表达来带动学生学习的热情；教师恰当的知识取舍和数学方法的应用能解开学生学习的难题，获得非常重要的经验借鉴。新旧知识既是有联系的，又是有区别的，在活动的示范中，教师要引导学生运用有关旧知识去对新知识进行地分析，从不同方面进行比较、抽象和概括，在联系中揭露矛盾，在矛盾中识别区别，最后达到对新知识的理解和准确应用。学习心理认识指出了认识的特征，即知觉的对象越直观具体，获得认识的可能性就越大，认识的效果就越好。另一个是教师动作行为的效果。教师是以其全部行为和整个人格来影响学生的，教学活动主要是"言教"，强化教材和知识的意义，放大信息吸引学生注意，以自身的实际行动影响学生则是"身教"，增强直观性，二者相辅相成，教育的效果才完美。

（三）数学活动中学生学习的认识形式

在数学教学认识活动中，学生主要通过以下四种形式来获得数学知识。

第一，在教师组织的课堂活动中获取规定性知识的认识。教学认识活动是一种间接的认识活动，间接地获取经验是主要的。教师作为这种经验的主要传授者，用恰当的语言信息把教材上一些被忽略而对学生很重要的知识的背景和意义以及应用的价值通过活动展现出来，不仅强化和补充了教材的不足，而且因为语言可以表达更多、更强的信息，为学生提供更多的直观感受。把抽象的数学从概括性退化为可以被学生理解的具体情景，引导学生积极进行理论思维和基本的实践操作，促进消化和内化[①]。教师在组织学生认识活动时，以一系列的概念、理论为中介，逻辑地推导出新的知识，形成新的认识。教师通过语言、文字的描述，采取比喻、图解、比较、分析、综合、推理等方法，再现和重组学生已有的经验，引导学生积极进行理论思维和基本的实践操作，使学生尽快掌握新的数学知识，促进智力发展。教学过程中，学生认识方式的首要特点，就是以教师传授书本知识和学生掌握为主，实现形式可以是有意义地接受学习、组织结构材料的探究学习和给出知识相关背景的发现学习，最重要的是激活学生的思维。

第二，在教师设计的有效对话活动中获取理性认识。在教学活动中，学生一般都是接受教师的正面影响。一是促进学习，在教师的指导下，使其学习具有明显的自觉性、目的性和一定的创造性。二是增强模仿力，虽然模仿是心理水平较低的一种学习方式，目的性虽有，但水平不高，然而随着模仿经验的增加，形成了对知识感受的体验，模仿就会成为经验的创造者。因此，初次接触新的知识时，必须强调学生的模仿能力，为构建学习心理模式奠定必要的基础。学生的模仿活动只有在接受教师的指导时，会逐步形成自觉性和创造性。

第三，在教学环节的自我反思中获取方法、技能的认识。一个教学活动通常有几个或多个认识环节，加强对每个环节的小结和反思，能大大强化学生对知识接受的能力，促进学生认知结构的不断完善。每一个环节进行小结就是把学生获得的新知识用最简单、概括性最强的术语加以组织，使新知识变得更具有概括性，能融合已有的知识经验，从而使新的知识更加巩固。在此基础上，指导学生进行反思，如对知识的理解、知识纳入体系中是否有障碍，知识应用是否有缺陷，方法是否掌握，获得了哪些经验等。教学环节的反思与小结，有利于学生及时回忆并储存已被内化了的知识，有利于知识在更大环境中进行迁移，提高运用知识解决问题的能力。任何数学知识都具有一定的意义，知识的信息意义是用来揭示数学对象性质、属性或规律的。在某种程度上它代表了知识的存在和应用的意义。

第四，在教师组织的系统训练中获取问题解决的认识。知识由掌握到应用需要有一个系统训练的过程。教学认识活动的目标是使学生熟练地掌握进行某项活动的操作方法，使知识成为学生自己的思想，这需要具体而科学的训练。在知识的专项训练中，要考虑如何使学生清晰完整地将整个程序的各

---

① 韩云桥.数学课堂"说数学"教与思[M].广州：华南理工大学出版社，2016.

个操作步骤联系起来，使学生正确地在相应的任务情境中进行这一系列的操作。系统训练的主要目标是既要使学生获得知识，即形成命题或有关的操作程序将所获得的知识组织到一定的结构当中去。这就是学生获得问题解决认识过程的一种特殊的认识方式。

（四）数学活动中学生的认识过程

教学活动中的主体是凭自身的认识系统对环境作出积极反应，而不是消极被动地接受客体的信息。如果客体被纳入主体已有的认识结构（或图式），即主体把一切低位概念通过概括纳入高位概念的结构中，使高位结构得到充分发展，这就是所谓的"同化"过程，人类的认识过程是以同化的形态获得的。认知图式是保存在学生头脑里的知识形象，也就是存留在头脑里的知识经验或学习成果。一般来说，大脑里所绘制的网络图式只含有少量的相关知识，随着不断地学习和练习将会改变、完善和充实其图式，形成更丰富的块状结构。例如，概念（或命题）图是一种用来组织和表征知识的工具，将某一主题的相关概念或命题置于方框或圆圈中，再用线连接，形成该主题的知识网络。正是由于概念图是利用节点代表概念，用连线和箭头代表概念关系的知识结构图。因此，它形象地呈现了各知识点之间的联系，可使学生利用自己的空间组织能力去建立概念之间的连接，将一种隐性的知识显性化，并且不仅能反映某一领域知识的系统性和完整性，也能反映不同领域知识的内在联系，可以了解学生对概念或原理的理解和掌握程度。

二、学习认识方式

（一）学生数学认识的条件

在数学教学活动中，引起学生对数学认识的条件是多方面的，主观方面既包括学习的目的、兴趣、动机、情感等，也包括自己的认识基础、行为、态度等。客观方面有教师的修为、激情、作风，能力等。归纳起来表现在以下三个方面。

1.教师的认识方式对学生认识的影响

任何教学活动都需要教师二度消化这个过程。教师对所教内容的二度消化不是指教师对知识的再次认识，而是消化知识生成的思维因素，揭示知识的智能意义，如何设计活动方式让学生学得好、学得懂、学得活，活动中如何调动学生学习的热情，激发学习兴趣，让学生的思维动起来、活起来。这些都决定了教师认识方式的合理性和有意义性。教学活动中要体现教师自己对教材的理解和消化，如果没有二度消化，教学组织形式就退化为宣读。教学活动是教师教学生认识的活动，于是教师就要实现一种转化，即把客观的知识方法通过学生的思维活动转化为个体的知识和技能，这种转化要依靠教师的认识方式来实现。

在教学认识论的观点中，教师与学生的关系是实践、培养的关系。因而教师必须引导学生参与知识的认识过程，包括知识、方法的掌握，促进思维、技能的发展。从学生的认识来看，学生主要通过教师组织的活动来掌握数学概念、原理、法则等基本规律性的知识，并形成一定的认知结构。由于教材展示的是静态的、抽象的知识，要让学生获得完全的认识，教师的认识就不该是简单地传授，而必须对客观知识进行化难为易、化繁为简的加工、改造，并通过对话启发的形式落实在教学活动之中。

教师准确了解学生的认识水平，加强学生对自身的认识，产生一种巩固和改进原有认识以及进一步完善新认识的内驱力。因此，教师的认识在指导学生学习活动时具有强化的作用。

教学活动过程是将教师先前的认识展示并融入学生认识活动之中的信息传递的过程。如果传递内容和方式缺乏针对性，就会使学生在接受与加工信息时遇到难以克服的困难。同时信息传递是有逻辑关系的，如果前一个信息加工没有获得确切的效果，后面的信息接收就会受到严重阻碍。这是教师认识的一种缺陷，但教师的认识具有可修复性，原有的认识可以补充、修改，甚至变更，以保障学生认识的有效性。由此可知，教师的认识对学生认识的有效性产生着重要影响。

2. 教学活动的方式对学生认识的影响

合理的活动形式能激发和调动学生认知的动机，有利于使学生的学习活动更加符合个体的发展规律。

活动方式选择的第一个目的就是学生认知的动机。动机是个体产生行为、与外界建立联系、获得个人控制感和胜任感的已知内部心理倾向，是自主行为或自我决定的基础。

活动方式选择的第二个目的就是激发学生对知识的情感。人的认识活动总是伴随着相应的情感，并且和认识活动交织在一起。当学生观察到一些新奇的现象，当教师提出有启发性的问题并创造有利于学习的情境，或教师证明了某个命题、定理使学生好奇，指导学生发现了一条辅助线或新的思路，等等，都会产生一种强烈的情感。学生在认识中，通过观察、思考、推理、讨论都会产生某种特殊的体验，这就是对知识的情感，这种情感成为支持、推动学习的巨大力量。

活动方式选择的第三个目的就是强化学生的思维活动。在教学活动中，学生思维的主动性已由学生的学习动力（动机、情感、环境等）所支持，思维能否保持和发展，要靠教师有目的的强化。教学不仅仅是传授知识，同时也是让学生获得活动方式的"知识"，增强元认知能力，要通过对知识的关键线索的分析，让学生巩固思维成果。这就等于给了学生一张"知识地图"，不仅能获取知识，还能获取活动方式的"知识"。让学生知道他的自学能力还有哪些不足，应该向什么方向努力。"强化"的具体表现是吸引力，让学生总是保持在积极的思维活动之中。积极思维维护着注意力，使有意注意推动思维的延续与发展。

3.知识的表现方式对学生认识的影响

学生的认识是主体外部活动与内部活动相互作用的结果，外部活动是联系教学主体与教学客体的桥梁。外部活动是由感性材料引起的，内部活动是事物的映象和观念，即由感性材料所唤起的意象（经验、观念），是通过思维"动作"对观念的操作。内部活动通过外部映象起作用，又反过来支持、促进内部活动的展开，这一过程离不开主体的理解、思维等内部心理活动。由此可见，感性材料对学生的认识产生着重要作用。数学教学活动中，把知识化为有意义的感性材料是引起学生认识的重要条件，但知识往往是抽象而不是具体的，需要教师对知识做必要的改造，使其产生直观的、属于学生经验的效果。数学知识和问题的呈现，应能引起学生的感性认识，产生外部活动（观察、注意、读写、记忆等），通过思维的中介，唤起相应的意象，并促使意象的直观化和具体化。外部的知识和条件是静态的，但掌握知识的角度是可变的。静态的知识只能从一个角度来分析它的意义，但知识是可从不同角度去分析的，这就使知识活化了。活化了的知识就为外部活动创造了条件，也为内部活动创造了动力基础。数学教学中，提倡和鼓励"浅出"的知识表现形式，这里的"浅出"不是任意放低要求的意思，而是要符合学生的实际。浅出是指跳出来，由抽象上升到具体，进行基本模式的再认和迁移。浅出本质上也是一种概括，是在辨认特征的认识基础上的概括。

（二）学生数学认识的方式

在学生学习的认识活动中，知识的真正掌握需要四个过程。第一个过程是"明了"过程。在该过程中，学生的思维活动处于静态状态，主要任务是明了各种知识及其关系。这要求在活动中把内容加以分解，逐个提出，使学生能清楚、明确地看到各个具体对象。教师采用清晰简明的对话和直观示范的叙述，利用现代化的教学手段，生动形象地展示所学内容。让学生注意力集中并兴趣盎然地开始学习新知识，对新知识的内容产生探求钻研的意向。"明了"过程为形成理性认识奠定基础。第二个过程是"联合"过程。学生在前面获得了许多个别的但彼此有联系的观念以后，"必然地要向上发展，进入普遍的领域"，形成各种形式的概念。在"联合"阶段，学生的观念处于动态状态，从一个专心活动进展到另一个专心活动，这就把各种表象联想起来了。此时，教学的主要任务是建立新旧观念的联系，并在新旧观念的联系中继续深入学习新知识。在这一过程中，学生在心理上的表现是"期待"。因此，宜采用分析法，加速学生新旧观念的接通，组合成高水平的未知的新观念。第三个过程是"系统"过程。学生的观念处于平和、稳定的状态，是为了看到更多对象的关系，包括原来获得的知识、方法和新知识释放出来的某些关系。因为关系不存在于混合体中，而是存在于既分开而又重新联合的各部分之中。这一过程教学的任务，就是引导学生在新旧观念结合的基础上，获得结论、规则、定义和规律性的知识。教师应重点采取综合方法，指导学生找到所学知识内部的系统联系和确切的意义。第四个过程是"方法"过程。在方法阶段，学生的观念处于活动的理解状态，通过实际的练习，使已获得的系统知识得到运用，从而使观念体系得以不断形成、不断充实、不断完善。学生通过运用所学的知识，根据实际需要而重新组合知识、解决实际问题，提高理性认识能力。教师要让学生通过习题、独立作业和按照教师的指示改正作业的错误等练习，运用所学的知识解决具体问题，达到理性认识的升华。

（三）提高学生数学认识能力

1. 掌握数学模型学习

数学学习是一种模型学习，学习过程是在原有认知结构的基础上建构数学模型的过程。每个数学概念、公式、方程、不等式、几何图形和定理，都是较小的数学模型。掌握这些小模型的特点和认识方法来逐步掌握较大的模型,大的模型并不是一些小模型的堆砌,而是在小模型之间增加更多的关系和联系,使得这些小模型比原来更充实和完善。

例如,概念可以看作是浓缩了的认知模型,是由感性认识飞跃到理性认识的结果,飞跃的实现要经过分析、综合、比较、抽象、概括等思维的逻辑加工。数学的逻辑严谨性主要体现在概念的系统性上,后继概念大都是在前概念基础上的逻辑建构。学生的数学观念也是在数学概念的学习、思维的训练、能力的提高等观察中逐渐形成和发展起来的,已形成和正在形成的数学观念又将反过来对数学概念的学习和数学思维起到调整、定向和推进的作用。概念教学应完整地体现这一过程,紧紧扣住概念的内涵与外延,剖析和领悟其本质属性。

模型的学习是积累知识经验的过程,利用这些经验去认识新的知识或模型,促进认识的深化和重组。认知心理学对问题的认识与解决体现了模型建构的观点。本质上,问题解决就是将自己原有的经验和方法应用于新的情景,通过新信息(外部条件)的选择和不断重组来作为认识的动力,再通过旧信息(内部意象)的提取和不断改造来解决问题。这时主体所关心的不仅仅是信息,而且要建立一种用于辨认经过内外环境过滤的新信息的线索的模型。问题解决中的创造性表现在,主体能从记忆的部分线索中有选择地检索出旧信息,以及根据新的情况来改变信息的利用方法,灵活地对记忆中组织好的知识重新解释和建构。

2. 增强感性材料的吸引力

丰富的知识是由感性认识上升到理性认识的基础,丰富的知识是认识的源泉。丰富的知识便于思维选择合理的意象与外部感性材料发生联系,从而揭示信息的内在关系。思维为了解决问题需要对已有的资料(外部信息和内部经验)进行加工,这些被加工的资料(被重新组合的概念、观念,被重新构造的经验)就是重新形成的认识,这种认识更要强调这些资料的体现和表示。

数学知识十分抽象,认识过程中,一般都需要借用辅助动作,如动手、动口、师生交流、同伴交流、独立练习等,以增加感性的体会,对于学习有困难的学生更是需要如此。教学中帮助学生及时形成"内部意象",对提高学生数学认识能力有重要意义。

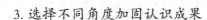

3. 选择不同角度加固认识成果

角度是认识的强化，面对问题一般都会作出角度的选择。"活性"认识与角度有密切关系，从多个角度来把握问题的本质，这对于巩固知识、发展能力十分必要。角度的选择也是兴趣的需要，人的心理的充分发展常常与兴趣的广阔相联系的，广阔的兴趣能推动人积极地开展思维活动，提高认识活动的效果。教学中，要帮助学生形成"活性"认识。如想了好久的问题可以适当地放松一下或改换角度，对此问题早已熟练的思维，可能快速、跳跃式地带来另一种希望，这个希望就是灵感的产生。延迟判断对于发展学生的认识也有很重要的作用。延迟判断是指不要过早地下结论，要留有学生的思维空间，让学生的认识有一个缓冲和构建的机会。为了不盲目地下判断，教师要引导学生积极回忆这些判断的形成、推导过程，弄清每个判断的来龙去脉和因果关系。教师帮助学生把有用的判断筛选出来，从不同角度来应用这些判断，巩固明确的认识，唤起新的认识。

第二章　中学数学课堂教学方法的创新与应用

第一节　翻转课堂在中学数学课堂教学中的应用

一、翻转课堂的内涵

"翻转课堂"，这里所说的"翻转"指的是课堂上教学模式整体发生的可以进行回转的变化。回转从本质上说明了这个课堂是一个循环变化有颠倒的但又有连接的形式。

萨尔曼·可汗（Salman Khan）指出，翻转课堂是学生根据自己的学习进度在家里听课，然后在课上与老师和同学们一起解决问题。在可汗学院成立之时就已经有翻转课堂这一概念了，虽然翻转课堂并不是可汗首次提出来的，但是随着可汗学院的兴起，它也逐渐引起各界的关注，成为当今火热的教育模式。

"翻转课堂"特别之处在于将传统课堂教师与学生的角色翻转或颠倒过来，使得教师不再是教学活动的主导。"翻转课堂"教学模式在教学环节上也有别于传统课堂，传统课堂中教师在整个教学活动中起主导作用，复习—新课导入—例题讲解—巩固练习—课堂小结—布置作业。而翻转课堂强调充分调动学生课前学习的环节，在统一的教学资源前提下，充分调动学生自主学习的积极性，并可将班级以小组的形式将组内成员学习情况整理汇报，教师在课上可有针对性地、有重点地训练，大大提高教学效率。

"翻转课堂"教学模式有五大核心要素，有这五大要素共同支撑着整个教学，不可分割，我们可以看到这五大核心要素分别是学生、老师、教学内容、信息技术和多元环境[①]，他们之间的关系如图所示：

1. 学生——学生主动探究学习。

2. 老师——老师引导提供资源。

3. 教学内容——注重知识内化和问题解决。

4. 信息技术——自主学习的有效技术工具。

5. 多元环境——现代课堂的环境支持。

---

① 岳峰. 翻转课堂教学模式的构成要素浅析 [J]. 卫生职业教育，2018，036（006）：48-49.

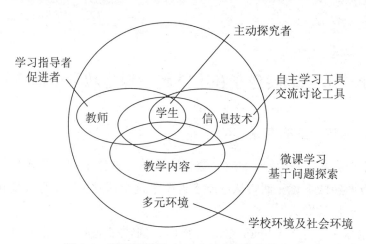

图 2-1 "翻转课堂"的五大核心要素间的关系

二、翻转课堂的特征

（一）教师角色的转变

在"翻转课堂"中，老师不再索然无味一味地传授自己的理论知识和见解，而是在课前将学习任务单、教学视频等相关材料传给学生，让学生在课前预习教学内容。这样在课堂上教师作为学生学习的指导者和促进者，针对每个学生的不同问题进行个性化、针对性地一对一指导。翻转课堂的教学形式改变了教师为中心的传统教学形态，将教师角色由知识传授者逐渐转变为学生学习的促进者和教学资源的开发者，有利于学生在"导师"的引导下走向自主学习的状态。

（二）学生角色的转变

翻转课堂是一种以学生为主体的新型课堂，这样的课堂可以给予学生自由发展的空间。因此，翻转课堂必须在学生积极参与的情况下才能实现。学生在课前观看教学视频时，可以根据自己的接受能力、认知水平进行自我调整，无论是在家里还是在公交车上，不管学生在看不懂的时候是暂停思考还是回放重新学习，他们都可以自己控制学习的时间、学习的地点和视频播放的次数，充分满足自身对知识的需求，实现学习即时化。这样在课堂上的时间，学生可以反复地训练，达到知识内化的目的，并且通过与同学和教师相互交流扩展知识的深度。

（三）教学形态的转变

传统课堂教学是以班级授课制存在的，无论是从教学内容、教学方式、教学进度以及教学方法上提供给学生的都是完全一样的。这种方式，一定程度上不能照顾到所有的学生，也就造成了差异化。

"翻转课堂"的教学中，老师正是根据这一不足，把差异化规避到最小，根据每一学段学生的学习程度进行个别化的指导教学。因材施教的模式把差异化规避到最小。例如，根据学生的问题进行小组合作，对其进行知识讲解。

（四）课堂时间的重新分配

翻转课堂另一个核心的特点就是留有更多的时间给学生自主探索和合作交流。教师基于现实情景组织相应的教学活动，这样增加学生相互交流、探讨的时间，对学生的知识理解与内化有较大的帮助和提升。教师应该帮助学生做好学习的合理规划，以期充分使用课堂时间，提高学习效率。

（五）教学资源多样化

教学视频是翻转课堂最主要的教学资源，也就是教师所准备的 5-10 分钟的微课，这个微课可以是教师亲自录制的也可以借鉴网络上优秀的视频，翻转课堂能够实现教学资源的多样化。在信息技术辅助下，学生在观看教学视频时，如果发现视频中的教学内容理解困难，还可以利用网络资源查找其他教师的教学视频，这样可以及时攻破授课过程中遇到的难题。

（六）评价方式多元化

翻转课堂的评价方式不应该是单一的纸笔测试，仅仅通过分数的高低判断学生对知识点的掌握程度。而应该是多样化的评价方式，通过网络平台测试评价学生对知识点的掌握程度，在课堂上的互动交流过程中评价学生的合作能力、表达能力，课前观看视频的过程评价学生的时间管理能力等，可以采取教师评价、组员互评和自我评价三种方式。因此，翻转课堂可以体现教学评价方法的多样化、评价主体的多元化和评价内容的综合化，将考试与考察两种方式相结合，注重对学生情感态度等非智力因素方面的评价。

三、翻转课堂在数学教学中应用的理论基础

（一）混合式学习理论

1. 混合式学习理论的概述

Blending 的原意是指混合，而 Blending Learning（或 Blended Learning）是指将多种形式的学习方式融合在一起的一种学习方式。混合式学习的基本思想是将面对面讲授的形式与在线学习相混合，是认知主义、行为主义和建构主义的融合，强化教师的主导作用和学习者的主体地位。

翻转课堂恰恰就是学生在课前借助信息技术观看教学视频进行自主学习，在课堂上教师面对面辅导学生进行问题讲解和一对一答疑，正是整合了面对面授课和在线学习形式。

2. 混合式学习的观点介绍

（1）印度国家信息学院（简称 NIIT）在《B-Learning 白皮书》中将混合式学习定义为一种由面对面学习、在线学习和自定步调学习三种学习途径构成的学习方式。此外，混合式学习还可以通过多种传输媒体、不同的学习事件、多种技术和智能学习导师的混合运用来实现。

（2）美国培训与发展协会（简称 ASTD）的学者 Singh（哈维·辛格）和 Reed（盖瑟·里德）将混合式学习定义为使用"合适"的技术手段，搭配"好的"学习风格，在"适当"的时间将其转换成"正确"的技能传递给"适合"的人，从而完成最佳的学习目标。

（3）Jennifer Hofmann（2001）在"混合学习案例研究"一文中指出，混合式学习就是教学设计者将一个学习过程分成多个学习模块，然后再去选择更好的传输媒体将这些模块呈现给学习者。

（4）在我国，何克抗教授是最早提出混合式学习的人。何教授认为混合式学习就是将传统学习和网络学习（E-Learning）中各自的特点结合起来，也就意味着在保留传统教师在授课时控制教学节奏、启发学生思考的主导地位的同时，又要借鉴学生在线学习时主动探索、积极思考的主体活动形式。

（5）上海师大教育技术系主任黎加厚教授认为，混合式学习又指融合性学习（B-Learning），是为了完成教学目标而将全部的教学要素进行优化选择和重新组合。在教学活动的过程中，师生可以根据需要运用多种教学方

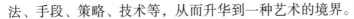

法、手段、策略、技术等，从而升华到一种艺术的境界。

（6）华南师大李克东教授认为，混合式学习（B-Learning）是人们反思网络学习（E-Learning）之后开始盛行的，它主要指将面对面教学和在线学习方式有机地融合，以期降低成本、提高效率的一种教学方式。

（二）微型学习理论

1.微型学习理论的概述

奥地利学习研究专家——林德纳（Lindner）首次提出微型学习的概念，也称为微学习。他认为微学习是一种指向存在于新的媒介生态系统中，基于微型学习内容和微型媒体的学习方式。

国内学者通常将微学习称为微型学习（Micro-Learning简称为M-Learning），"Micro"的原意是指有微、小、轻等。2011年全国教育科学"十二五"课题《信息技术促进区域教育均衡发展的实证研究》中明确界定了微型学习是以特定的学习目标为依据，具有学习时间短（10分钟之内）、学习内容精炼（只涉及某一个知识点或者某一个具体问题）等特点，在信息化环境（移动学习环境或网络学习环境）中，充分发挥学习者主体作用的一种学习活动。

2.微型学习的主要特点

微型学习主要有以下特点：

（1）学习时间短。微型学习的时间通常在10分钟左右，最长不超过20分钟。而且在课前自主学习阶段，没有教师和家长的督促，多数学生很难保持长时间的注意力集中的状态，这样短小精悍的学习类型正是翻转课堂所需要的，能够提高学习效率。

（2）学习容量小，目标准。微型学习的任务就是针对一个问题集中解决，深度剖析，目标明确单一，是与传统课堂中解决多个教学任务、完成多个教学目标的重要区别。这样的一种学习形式更加适合翻转课堂，翻转课堂要求学生课前学习教学内容，小型的容量才能取得较好的学习效果，如果知识点过多，学生很难在课前全部掌握，会打消学生的学习积极性，不利于翻转课堂的实施。

（3）以学生为主体。微型学习注重以学生为主体，符合新课程标准的基本理念和思想。教师为学生创设学习情境，设计实践活动，有效激发学生的学习兴趣，让学生在已有知识基础上进行有意义建构，提升认知水平。而对于翻转课堂来说，以学生为主体的理念也是重中之重，课堂翻转的目的之一就是让学生通过自主探索得到结论，夯实知识基础，完善认知结构。

（4）信息技术的支持。学生可以在任何时间，任何地点借助信息技术实现微型学习。学生学习过程中与老师和同学之间的沟通和交流也需要通信设备的支持，因此信息化环境是必不可少的。这和翻转课堂实施的环境是一致的，课前学生自主观看教学视频，一定要依靠信息技术的支持，否则是无法实现课堂的翻转。

在翻转课堂备受瞩目的同时，微课程也逐渐成为教育工作者关注的热点话题。微课程正是微学习的一种，它是翻转课堂学生课前自主学习的重要资源，它的设计和使用为翻转课堂的实施提供了重要支撑。微课程重视知识的碎片化，虽然这样的知识讲解有助于学生掌握知识内涵，但是不要忽视了该知识点与其他知识之间的联系。微型学习理论的内涵和特点为翻转课堂的应用提供了理论基础。

（三）ARCS 动机理论

1.ARCS 动机理论的概述

20世纪80年代，美国著名教育心理学家约翰·M·凯勒（Jhon.M.Keller）教授创立了一种教学设计模式—ARCS 动机设计模式。他在《动机与教学设计：理论视角》中提出了动机系统设计的萌芽思想。他综合了有关动机方面的研究，在 1983 年提出了 ARCS 动机模型的四个要素：即兴趣（Interest）、相关（Relevance）、期望（Expectancy）和满意（Satisfaction）。1987 年，他将兴趣改为注意（Attention），将期望改为自信（Confidence）。最后取这四个单词的首字母 A、R、C、S 组合，简称为 ARCS 动机设计模型。

ARCS 动机模型其实是这样一个过程：为了让学习者对某个知识产生学习动机，首先应该吸引学习者的注意力，使他产生学习的兴趣；其次让他找到这项学习与他自身所处的世界或者生活中的关联；然后应该给予学习者信心，让他充分相信自己可以完成这项学习；最后使他对自己的表现感到满足，让他感受到完成任务的成就感。根据模式中注意、相关、自信、满意四要素来看，它强调内部动机与外部动机相结合，主要以激发内部动机为目的，促使内部动机形成一种良性循环的系统，ARCS 动机理论循环模式如图2-2 所示。

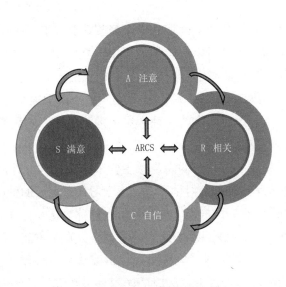

图 2-2　ARCS 动机理论循环模式图

2.ARCS 动机设计原理四要素

（1）注意（Attention）。源于认知论，主要指教师在教学过程中能够激发并维持学生对所学课程的注意，即引起学生的探索兴趣。一些新鲜新颖的事物比较容易吸引学生的好奇心，所以教师在设计教学过程时，应该运用一些新奇的教学工具和教学手段抓住学生的注意力，使学生产生求知欲望，这样才能有效地提高学生的学习质量。

（2）相关（Relevance）。源于人本论，主要指学习任务与学生之间的相关关系。在学生成功集中了注意力后，可能会产生这样的疑问：我们为什么一定要学习这个内容呢？这有什么用呢？这个时候教师必须积极回答这样的问题，要告诉学生为什么要学习这部分内容，这样他们才会有继续学习的动力。

相关性有两种：目的指向相关性和过程指向相关性。目的指向的相关性主要是指具有实用主义或功利主义的相关性，即教学内容对学生有什么实际的用处。例如，学生可以利用不等式的知识计算如何打电话最省钱，这个就是实用主义的相关性。过程指向的相关性主要是指教师在授课过程中采用的教学方法能否满足学生个人的需要。例如，学生学习数学这门课程，可以培养自身的逻辑思维能力等。

（3）自信（Confidence）。源于社会学习论，主要指学生本身要相信自己能够成功完成教学任务。在学生对学习任务产生兴趣并且明确学习任务与自身的相关性之后，教师必须采取教学策略提高学生自信心，否则学生可能在学习过程中中途放弃。所以在教学过程中，教师要多表扬学生，培养他们坚定的信念，提高自己面对学习困难不放弃的信心与决心。

（4）满意（Satisfaction）。源于行为论，主要指学生在完成学习任务后，学习结果与预期值一致所产生的一种心灵上的满足感，这种满足感能够保持学生继续学习的内在动力。

学习者对于完成学习任务的满足感主要来源有两种：外部评价和内部评价。外部评价主要是指外部针对学习者完成学习任务之后的赞许和认可，主要是学生在考试中取得良好的成绩。内部评价也被称为认知评价，主要是指学习者通过自身努力，在学习某些内容之后感觉到个人在某方面的能力有所提高。

翻转课堂注重学生的自主学习能力、积极参与、合作交流能力。ARCS动机理论可以为教师布置观看视频时的学习任务单和设计教学活动等过程提供理论基础。

四、中学翻转课堂教学新模型

（一）基本结构图

根据课程发展的要求，基于"翻转课堂"新结构模型，如图 2-3 所示。研究的教学设计模型是三大阶段八个环节，三大阶段包括课前自主性学习、课堂有效性设计、课后总结性提高，其中课前自主性学习包括视频制作和针对练习，课堂有效性设计包括明确问题、自主探究、合作交流、解决问题，最后课后针对性提高是总结反思和反馈评价。

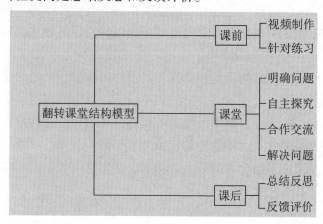

图 2-3 "翻转课堂"新结构模型图

1. 课前自主性学习

课前的学习效果好坏直接决定了学生课上知识内化结果的多少。课前设计环节主要用来传授知识的环节，通过课前学习可以使学生清楚地认识到本堂课的价值所在，更加直观地获得数学知识，从而将自身的数学知识体系进行完善。课前学习的时候，学生通过看教学视频来学习老师讲的知识，将新的知识在课前完成，为接下来课堂上知识内化吸收起到了很好的铺垫作用。

（1）视频制作。在"翻转课堂"中，老师都是通过视频来传授知识，录制视频授课只是换一种形式让其能够更好地学习，同时也可以利用网络上优秀的教学材料，但建议老师还是结合这些材料设计属于自己的视频。

再看我国中学数学的教学，其实网络上也有很多优秀的中学数学老师的最新教学视频，然而每一位老师的教学风格、教学内容以及教学重难点的把握都是有一些不同的，别的老师没办法了解自己班级的学生情况，视频内容也不一定适合自己班级的学生，所以还是需要老师自己录制。教师录制视频并上传到班级平台，学生课前自行下载观看所学内容的教学视频，把这些视频变成学生随时随地进行学习的资料。制作视频时，要注意以下几点：

视频方向：由老师自己录制，要针对到每一位学生的差异性，了解学生的学情，多角度地思考他们可能在学习中遇到哪些困难，需要哪些帮助，根据以上几点制作出可以帮助不同学生解决学习中的难题，提高学生成绩的教学视频。

视频标准：老师应深入钻研教材，在视频的制作上，无论是视觉效果的多样化还是数学软件应用的新颖化都应该尽可能吸引学生的学习兴趣。

视频内容：要多参考中学数学的教学内容涉及的视频和文本材料，对这些资料进行一定的分析整理后，再进行制作。因为我们制作应在充分了解所教学生的学情的前提下才能开展，根据内容设计出由浅入深的视频，促进学生的素质发展。

视频时间：制作的视频时间应在 15 分钟最佳。针对数学学科的难度我们把时间由原来的十分钟增加一些。其实根据研究表明，学生在上课期间 10 分钟左右的注意力是最集中的，效果最佳。在这段时间里，学生可以集中注意力完成基础的学习，同时在注意力达到峰值时，学习相对较难的部分，进而达到最佳的学习效果。

（2）针对练习。针对练习的设置首先是考虑到了不同层次的学生对新知识的理解情况，进而做到的一个巩固和监测的效果，练习题的设计上需要老师多费心思，要做到习题安排合理、设计得当，一边促进学生通过已有的数学知识过渡到新的知识上的一种学习，另一边要通过学习新知识建立对旧知识的深入理解和建构。

在此设计下，学生在视频学习结束后，完成教师设计的有针对性练习的学习单，将知识重难点记录下来，同时把做练习中的错题总结归纳，并通过查阅参考资料、寻求同学帮助来处理疑难，其中仍然无法处理的那部分利用网络平台这一桥梁，给老师传递信息，或者第二天课堂上指出，这样师生达到了互相了解学习进度的一种很好的状态。

2. 课堂有效性设计

新课标下中学数学"翻转课堂"最显著特征是老师利用上课的大部分时间帮助学生解决问题，完成最大程度上的知识内化，使学生进行有针对性的、高效率的学习。课堂的环节主要分为四个板块：明确问题——自主探究——合作交流——解决问题。因此，在进行了课前自主性学习的基础上，老师应不断深入地进行教学，要通过情景创设引出问题后全方位地调动学生学习的积极性。

（1）明确问题。课堂设计环节要明确问题，明确什么样的问题对学生课堂的学习能产生更好的效果，而课堂问题设计环节的确定主要也来自这两方面，一种是学生在课前学习中遇到的解决不了的那部分疑难问题；还有一种是老师根据已有的教学经验预先设计出学生很有可能遇到的疑难问题。

所以，老师要从这些问题中归纳出具有普遍性、有代表性的问题作为课堂环节要解决的对象，帮助学生解决学习中的疑难问题，让学生能够积极主动地进入"翻转课堂"的教学。

（2）自主探究。在传统课堂中，学生一味地在老师的灌输下才能理解，最缺乏的就是自主控制权。学校里的学生能做到自主学习一直是学校教育所期盼的，而在"翻转课堂"中老师应于具体的课堂教学环节设置问题后更注重举一反三，学生可以上网找到相关资料自主学习，并且自己还有研究问题，做题时把题弄懂了之后还要自己扩展同类型的题，可以自己探索之后不懂的问题留下来找老师解决，从这方面多引导学生进行自主地思考，这样学生学到的知识更加扎实，有利于开发学生的创新思维。

（3）合作交流。课堂环节中其实最关键的在于学会交流，学会分享。老师通过发现数学中学生存在的问题，引导和启发学生的思想，激发学生的学

习热情之后，接下来利用师生、生生之间的合作交流来学习。

"翻转课堂"教学模式结构中用的是小组合作交流的模式。在这种合作交流的学习方式下，老师有规划地帮助学生建立学习小组，让有自主学习意识的和有责任感的学生担任组长，小组成员间合理分工，学生个人也可以派代表在课堂上总结学习成果，与同学们交流分享学习经验，促进全体学生的共同进步。这种模式的好处是允许和鼓励学生随心所欲地提出自己的想法，并且要保证每个人都要参与活动；学生愿意把自己的想法与其他同学交流，学生充分发挥其创造性思维，使得学生在课堂上有合作交流的意识，促进学生的主体地位。

（4）解决问题。基于以上前提，学生对课堂设计的总体有了一定的思路，形成了自己的新知识体系。在课堂中，老师根据学生的问题提出三个思想：

第一，"what"。让大家明确，什么是数学，什么是知识，什么是概念，掌握数学学习的基本内容有哪些。

第二，"why"。为什么要学数学，学数学知识以及公式最本质的原因到底是什么？

第三，"how"。我们应该怎么学数学？面对新知识，我们怎么才能够完全掌握？

老师要带着这三个思想，对学生逐一解答，这个过程也是要求老师做到因材施教。其实解决问题不单单是解决当下的数学题，而在于解决其包含的真正的思想，更重要的是数学思想和学习思想。

3.课后总结性提高课后的总结性提高

包括总结反思和反馈评价两方面。首先老师对学生反馈的疑难问题做解释和点评，同时对整节内容小结。其次要提醒学生学会反思，自己从新的角度思考问题，实现思维的多方面发展与知识的灵活运用。

总结反思之后，要进行评价，教师要组织学生对本节课进行总结和评价同时进行学习小组互评。在这个过程中，不仅要注重对学习结果的评价，还要关注对学习过程的评价，做到考查和考量相结合，做到形成性评价和总结性评价相结合，使得学生的学习成绩得到提高，学生的数学思维得到建立。

（二）解决对策与方法

1. 选择合适的教学内容

考虑到"翻转课堂"的特点，本次研究认为"翻转课堂"制作出最适合中学数学教学的视频是非常重要的。例如，数学中会出现很多几何图形，利用视频等信息技术可以更直观地带给学生知识，举个例子，初中数学中的旋转问题，如果应用了几何画板等演示，可能让学生更好地理解。而教师的课堂演示时间有限，借助微课将视频录制下来，供学生在课下学习。

2. 抓好学生自主学习能力的准备工作

为了保证学生能够自主学习，让"翻转课堂"翻转得有效果、有意义，同时本次研究也在调查中发现大多数学生喜爱并且支持这种教学模式，但是仍需要一段时间去进行适应，在此期间要进行能力培养的准备工作。

在准备工作期间，要求学生养成每天课前预习的好习惯，自己阅读教材，翻阅参考资料、教辅材料等预习学案。课堂开始前，我们可以利用每天早自习或者是课间进行 5-10 分钟的课前测试，然后老师进行批改，这也要求老师要在课前就明确学生的预习情况，课堂上针对学生在自学阶段遇到的疑难问题，并且在教学过程中针对某些重要知识点提出一些引发学生动脑思考的问题，能够有意识地训练学生的自主学习能力，在保证了学生养成良好学习习惯之后，再去进行"翻转课堂"，这样学生是很有收益的。

3. 成立完善的微课制作团队

正因为数学的教学课时很多，要制作的视频量大，制作涉及的环节多，对于技术要求也很高。

所以，我们可以在数学组里分工合作，按年级成立录课视频小组，各位老师统一制定整个年级的教学目标和教学内容，并且在互相了解班级具体情况的前提下制作视频，课程的形式通常以视频为主，还有相关音频、PPT 等，老师将自己的数学知识进行提炼输出给学生，大家进行分工合作，最后小组的成员互相分享。这种模式既保证了视频内容的全面，同时也保证了"翻转课堂"的高品质。同时我们还可以成立"翻转课堂"视频质量监测小组，及时提出修改意见，在沟通之后做出修改，以供学生学习。

4. 建立"课上翻转"新模式

"翻转课堂"最重要的一点就是将原本需要由教师讲解的内容转移到课下以后，从而把相对枯燥一些的课堂基础知识转移到课外，在增添一些新环节以及信息技术设计上的应用后，学生对于数学这种学科的兴趣会提高一些，对于所学知识进行更加深刻的思考，提高自我控制能力。

我们考虑把国外"翻转课堂"在家学习的模式改成"课上翻转"。这个课上并不是在我们数学课上的 45 分钟上进行观看，而是利用我们的"自习课"，自习，顾名思义就是在自主学习，进行"课上翻转"，第一，减轻了在家父母需要监督孩子学习的压力；第二，给孩子提供一个安静的环境；第三，也减轻了学生的作业负担。这种模式符合我国目前的教育情况，尽可能地做到不干扰学生其他时间的学习，这种翻转实际上可以说是一种新模式——"课上翻转"。这种翻转模式也体现了新课标下要以学生为中心，确保学生的主体地位，是一种可观的改变。

5. "小组互助"新改观

"小组互助"其实是新课标下对教育教学模式的新改观，是学生经过长期自主学习以后把自己没有解决的问题与小组的同学讨论，通过成员之间的互相交流来达到解决问题的一种方式。这也是从发现问题到分析问题再到解决问题的递进。小组互助的好处也有以下几点：

第一，学生与学生之间不是孤零零的个体，其实在我们的课堂上学生学到的不仅仅是知识，还有团队合作的意识。通过小组的这一个小群体，让学生们集思广益，学会交流，学会倾听，更重要的是学会真诚地沟通，数学问题向来是有很多种解题思路和方法的，通过"小组互助"可以将数学思维的广度扩展得更大。

第二，"小组互助"中，我们可以发现，其实交流中生成的知识是很宝贵的资源。小组互助学习，实际上是在大家互相帮助沟通，分析问题的基础上达到了资源共享。

第二节　课堂提问在中学数学课堂教学中的应用

一、数学课堂提问的概念

研究者们对数学课堂提问的作用、技巧、原则、策略等进行了深入的研究，但并无专门界定数学课堂提问的概念。程广文从哲学、社会学、教育学、数学多角度对数学课堂提问做了全方位的分析。数学课堂是由教师、学生和数学三个基本要素构成的空间，其中的关系是"人—数学—人"的活动关系。教学课堂反复强调的问题是如何让学生在数学课堂中积极地活动，让学生实现数学知识的建构。数学知识的获得方式其实可以看作是教师的教和学生的学两个活动融合的过程。

首先，数学是抽象的、观念的产物，在"形式"的帮助下，去表达"思想"。数学不是实际看得见的物质性东西，它是构造出来的思维性的东西。因此，学习数学也就是学习数学思维。学习数学，不能仅为了知道数学形式符号，关键是其中的数学思想方法。由于数学的抽象性和观念性，数学知识的形成需要学生的思考，为了了解并引导学生"思考"这一内部的心理活动，需要教师在"问"中让学生表达出自己的思考。

其次，数学学习是为了学会思考，数学学习本质上是思维，思维是数学学习的基本形式，而思维过程又是从问题开始。因此，教师的提问可以激活思维，那么学生在思维的过程中也必将学会提问。

最后，数学具有逻辑性也决定了提问的必要性。我们都知道，在选择教学方法时要考虑到教学内容的特点，数学学科的逻辑性使得教学方法也需要逻辑化。而提问也属于教学方法，提问也需要逻辑化，逻辑化地提问可以让教师控制好课堂提问的节奏，学生也可以通过教师的提问对这节课有一个概括性的认识，同时一系列问题之间的关联性使单个问题变得更有启发性。例如，学生在思考一个问题时，可以根据上一个问题，不断思考，找到解答的思路。

根据以上分析，将数学课堂提问定义为：在数学课堂教学中，教师根据数学知识结构、学生思维水平，通过逻辑化的系列问题，引发学生思考，让

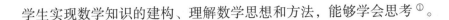

学生实现数学知识的建构、理解数学思想和方法，能够学会思考①。

二、数学课堂提问的原则

（一）准确性原则

准确性原则包括两个方面：一方面，提问时的语言一定要准确，清晰，学生才能长时间地把学习的注意力放在问题上，提高学生的学习效率，同时课堂提问的有效性是实现高校课堂的前提条件。另一方面，提问时所选要点一定要准，提问内容应从教学目标出发，突出教学内容的重点，突破难点。

（二）启发性原则

新课标强调培养学生的创新能力和应用意识，而启发式的提问能激起学生的思考，唤起学生的求知欲望，调动学生的学习积极性，让学生的思维得到训练。因此，教师在对学生的水平有清楚的了解和正确的估计的同时，提出的问题应符合学生思维和认知的发展水平，换句话说，高质量的问题应该是能使学生感到有困难、有压力，又能使学生感到有解决该问题的信心。

（三）针对性原则

课堂提问要根据不同的年级采用不同的提问方式和策略，而且课堂提问不论难易，所提问题必须富有针对性，教师要根据教材内容、教学目的及学生疑难处提出问题，同时提问要做到因人而异，根据学生的不同基础设置不同问题，然后给学生适当的思考时间，再指定学生来回答，教师心中应该清楚要让学生掌握哪些知识，懂得什么道理，培养何种能力。

（四）全面性原则

提问要面向全班，问题要尽可能地引起每一个学生的思考和注意。尽可能多样化地选择学生回答。教师在课堂上不要总是只叫那些课堂表现积极或者学业成绩较好的学生，教师应尽量让更多的学生参与到学习中。同时教师提问的方式要灵活多变，可以指名回答，可以叫自愿举手的学生，也可以

---

① 葛丽.浅谈在课堂教学中培养和发展学生的数学思维结构[J].中山大学学报论丛，2003（3）：5.

叫不举手的学生，总之，让每个学生都有被叫的可能。对于后进生，教师应积极鼓励他们回答问题。让他们感受成功的喜悦，从而大大提高他们的积极性。让每个学生在课堂上获得最大的收获。

（五）逻辑性原则

教师课堂上设计的问题，应当符合学生思维的特点与认知规律。因此，教师设计的问题应当由浅入深，由易到难，层层递进，问题之间有着严密的逻辑性，然后一环紧扣一环地设问，这样才能使学生的认识逐步深化，思维得到训练，认知得到发展。

（六）层次性原则

课堂提问是要面向全体学生的，能唤起全班学生的思考，同时在实际教学中教师要根据学生能力水平的不同提出不同层次的问题，课堂提问要让不同的学生得到不同的发展，要让回答问题的学生感受到学习的乐趣。

（七）鼓励性原则

中学生最大的特点是爱表现，他们渴望得到老师和同学们的认可与肯定。中学数学教师若能灵活使用这一特点，学生的学习定能再上一个台阶。而对学生的回答给予鼓励，就是对学生能力和智慧的一种肯定。因此，教师要善于用不同声调，不同感情色彩的鼓励性，语调提出问题。对于学生的回答，教师首先要充分肯定学生，然后说出其不完善的地方，并提出期许。让每个学生获得成功体验，明确努力方向。教师对学生进行鼓励性评价时可以采用不同的方式，主要有：重复学生的回答，给予肯定；重述学生的回答，尊重表达的差异性；追问其中的要点，指出不足；给出正确的答案，修正错误；对学生的回答进行评价，给予鼓励；等等。

（八）适量性原则

课堂提问是教学活动的重要形式，得当的、准确的提问能激起学生学习的兴趣。但是课堂的时间是有限的，教师所提的问题如果太多学生将没有足够的时间进行思考，提问的目的很难达到，如果提的问题太少，教学目标也将难以实现。总之，教师在课前要精心地预设好提问数量，让学生在课堂上有所收获。

三、中学数学课堂提问的策略

针对调查研究的现状以及课堂视频所呈现的情况，按课堂进程以及重要程度提出了六大策略，分别是问题呈现方式要清晰、提问对象要广泛、等待时间要合理、教师要鼓励学生提出问题，教师要善于倾听、教师要恰当追问。

（一）问题呈现方式要清晰

一节课的起始问题将会引领整节课学生的探究活动，但只有当问题以文本的方式呈现时，学生才会更容易地发现问题，我们需要从学生的角度思考我们的问题：学生们理解了问题的意思吗？他们能够将问题转换成自己的语言吗？学生对于该问题的答案有一个普遍的认识吗？

教师对所提问题的文本呈现，可以是教师的板书，也可以是 PowerPoint 投影，关键是要强化学生对问题的重视以及深刻的理解。

（二）提问对象要广泛

各类有关课堂提问的研究很少涉及提问对象，但提问对象在课堂教学中也经常困扰着教师：一节课要提问多少学生？如何针对不同层次的学生提问？回答问题的机会对于举手学生和未举手学生应该如何分配？

教师对学生提问要面向全体学生，不能只局限于少数优秀生，要使不同层次的学生都有回答的机会，如只限于提问少数学生而冷落大多数，会让他们觉得老师偏心，不利于建立良好的师生教学关系。根据各人的学习程度提问相应难度的问题，有助于调动学生回答问题的积极性，而不应满足于师生互动的表象，要触及理解掌握的深度。

1. 改进学生的举手行为

"举手行为"是课堂文化的一部分，如果教师过于频繁地请举手的学生回答问题，则教师提问的目的就变成弄清楚谁能回答此问题，而不是掌握课堂上每个学生的学习状况。

教师可以提出"有想法的同学请把你们的手举起来"这样的要求，此时让学生举手的目的并不是作为学生回答问题的机会，而是作为全班学生作答的情况的一种判断，以适时地调整教学进度。

2. 提出泛指性问题与针对性问题

我们只是叫自愿举手的学生回答问题，这样做的结果是使学生决定了谁将回答该问题，具有一定的针对性，教师在提问时用针对性的问题来代替泛指性的问题可以提高教学效果。

泛指性问题是教师对全班学生提出的问题，并叫学生来回答；针对性问题是教师特别针对一个特定的学生（而不是随机性）提出的问题，因此可以使问题和学生的兴趣、能力水平等相适应。提针对性问题时合适的策略是首先提出问题，接着等待 3—5 秒钟，然后再叫所针对的学生来回答，这个过程使得所有的学生都思考并准备回答。

处理这个过程的一个好问题是"同学们都听懂了吗？既然大家都听懂了，我想请 XXX 同学说说看。"此时教师就将目标锁定在某些发言不积极，或基础比较薄弱的学生身上，一方面，监督了学生的听课情况，将问题作为任务来驱动学生参与课堂的活动；另一方面，也检查了学生对问题是否理解深刻了。

3. 关注提问顺序

提问能引导学生在找出答案之外进行思考和学习。可以促使学生提问或补充同伴的答案等，这些行为都对学生继续思考和学习起着重要的影响。

教师要具备这样的信念：所有的学生都能对所有的问题做出回答，所有学生都值得尊重。教师提问时可以让学生从宏观上有所把握，并进一步对问题的本质与要求进行细化。

（三）等待时间要合理

"等待时间"是美国心理学家罗威提出的，她认为教师在提出问题后到学生回答问题之前，应有适当的等待时间。等待时间的出现是基于"在说话之前，我们都需要时间来思考"和"我们都需要时间来把想的说出来并组织我们的想法"这两个观点，只有当我们明白这两个要求时我们才会有意识地创造等待时间和根据学生情况适当地延长等待时间。从表 2-1 中可以了解学生对等待时间的期望值。

表 2-1　学生对等待时间的期望值调查表

	频率	百分比（%）	有效百分比（%）	累积百分比（%）
10 秒以上	153	51.69	51.69	51.69
5—10 秒	107	36.15	36.15	87.84
3—5 秒	23	7.77	7.77	95.61
3 秒以内	13	4.39	4.39	100.00
合计	196	100.00	100.00	

从表 2-1 中的结果中可以看出，87.84% 的学生希望教师在提出问题后要等待至少 5 秒钟，因为学生觉得需要时间来思考和组织答案。在运用等待时间时，要注意以下三个方面：

1. 教师要有等待时间的意识并形成习惯

只有教师认识到等待时间的重要性才能形成经常运用等待时间的习惯。

教师要认识到让节奏慢下来鼓励学生思考的潜在价值。教师可以采取这样的措施来提醒自己：提出问题，然后在提问学生之前慢走三步；或者提出问题，然后将手指放在背后，默数"一、二、三"。

2. 选择适当的学生作为等待时间的参照

教师提问后，如果以自己的水平作为参照来衡量给予学生等待时间的长短，显然是不合适的。既要让学生有充足的思考时间，又要讲究教学的效率，我们可以选择中等生的思维情况作为参照。

3. 根据不同类型的问题设置等待时间

课堂提问行为是一个整体的动态过程，每个阶段的行为方式都依赖于其他阶段的相关行为，或与之有联系。比如，等待时间的长短要与问题的难易相关联，对于简单的问题如果给予太多的等待时间反而是浪费，甚至让学生感到没有挑战性而失去兴趣。

不同类型的问题对于学生思维的要求有所不同。回忆性问题需要的时间可以较短，而对于灵活运用、综合性强的问题，学生要经过判断、推理、分析、综合的过程，因而需要的等待时间较长。一般说来，普通问题应该至少等待 3 秒钟，而对于开放性的问题，则至少需要等待 15 秒钟，甚至更长时间。

（四）教师要鼓励学生提问

学生必须学会提出问题，面对一个情景，勇于而且善于抓住本质，提出核心问题，这是很重要的能力。

当一个学生开始就内容提出自己的问题时，他就积极地参与到了意义建构中来——这是思考的标准定义。通过形成问题，学习者把新知识和旧知识相联系，从而将学习体验为理解的过程。表 2-2 和表 2-3 分别呈现了学生主动提问的调查情况与学生不主动提问的主要原因。

表 2-2　学生主动提问的调查情况

	频率	百分比（%）	有效百分比（%）	累积百分比（%）
经常提	58	19.59	19.59	19.59
偶尔提	102	34.46	34.46	54.05
很少提	82	27.70	27.70	81.76
从来不提	54	18.24	18.24	100.00
合计	296	100.00	100.00	

从表 2-2 中可以看出，经常提问的同学很少，仅占到 19.59%，这说明学生主动提问的意识和习惯是有所欠缺的。出现这种现状的原因如表 2-3：

表 2-3　学生不主动提问的主要原因分布

	频率	百分比（%）
提问是老师的事，我只管回答	58	19.59
怕提出的问题显得幼稚，遭到老师或同学嘲笑	102	34.46
本想提出问题，但在课堂上没有时间和机会	82	27.70
我没有问题要问老师	54	18.24

从表 2-4 的统计结果可以看出，大部分学生是由于"怕提出的问题显得幼稚，遭到老师或同学嘲笑"，这说明教师没有在班级营造良好的提问氛围，而使得同学觉得主动提问不是学习的必要环节，特别是对提出问题的质量不自信；同时，课堂节奏过快、容量过大也导致学生没有时间来主动提问，这是数学课堂的真实现状，但也是比较棘手的问题。

针对以上现状与原因分布，我们认为可以从以下几个方面来鼓励学生主动提出问题：

1. 营造轻松和谐的提问环境

平等、和谐的课堂氛围是学生主动提问的前提，教师对提出问题的学生要尊重，对学生提出的每一个问题都要谨慎处理，恰当解决。是同学作答还是教师讲解，是课内解决还是课外研究，是组织讨论还是查阅资料一定要有明确的说法，不可置之不理。

教师要向学生阐明学会主动提问对于学习数学的重要性，并且对于有提问尝试的学生，无论问题提得质量如何，都要给予赞扬。同时，从所提问题出发，给予拓展性的讲解与示范，并就如何改进提出问题的质量做出答复。

很多学生从没有想到教师也是学习者，并感到这一点很有趣，学生也许能够成为我们教师的"监督者"。当我们在忘记使用等待时间的时候，他们会提醒我们。此时，学生可能会更加配合课堂提问，而使得整个课堂教学更加得心应手。

2.帮助学生学会提问

为了让学生能够主动提问，教师可以让学生学习教师课堂中所使用的提示语；也可以教学生一些具体提出问题的方法，比如：①因果联想法：遇到数学问题，多问几个为什么，为什么有这个结论，条件和结论之间有什么联系，怎样得到这个结论。②比较分析法：比较相近事物之间的关联和区别，发现异同，从而发现问题，寻找解决问题的办法。③扩大成果法：所得到的结论、公式、定理能不能推广、引申。

（五）教师要善于倾听

在数学课堂提问中，教师提出问题，学生开始主动学习并思考或回答时，教师的责任就由讲授、提问转化为倾听了。然而，如何通过倾听来提升教师接下来处理学生答案的质量，是值得研究的。教师课堂倾听情况如表 2-4 所示。

表 2-4　教师课堂倾听情况

	频率	百分比（%）
认真倾听，耐心等待我说完	165	55.75
回答有困难时，给予鼓励或提示	77	23.01
一旦发现有误，立刻叫停	40	13.51
听时漫不经心，粗略听取大意	14	4.73
合计	296	100.00

从表2-4的统计结果可以看出，有55.75%的教师是比较耐心地听完学生的回答，但也有少数教师打断学生或漫不经心。教师倾听时首先要持尊重学生态度，在物理位置上要注意与学生之间距离的远近。

1.教师倾听的态度

教师倾听的态度能够影响班级其他学生的态度，课堂提问时师生互相尊重，互相鼓励的氛围能够促进学生进一步地思考与作答。

教师倾听的态度具体体现在：不打断学生，善于抓住学生答案中的闪光点，适时地给予表扬，包括口头表扬、手势表扬或面部表情的赞许。

2.教师倾听的位置

提问是教师组织下的全班教学活动，教师可以以回答问题者为中心，以回答问题者和教师之间的距离为半径作圆，这个圆要基本能够覆盖到全班学生。此时，我们就改变了教师与学生之间一一对话的现状，使得全班学生都参与到课堂的讨论中。

要通过物理位置之间的关系来调控教师与学生之间的互动，首先，教师观念上要给予学生平等的机会；其次，我们可以采取一系列实用的方法使得学生在有效的行动区域内。例如，教师可以有意识地在课堂内走动，每隔几分钟就站在不同的位置上；采取措施将表现不是很积极的学生调动起来，并把他们放在行动区域内；定期轮换座位，这样在一学年中所有的学生都有机会坐在教室的前排。

（六）教师要恰当追问

追问是在某个问题发问得到肯定或否定的回答后，针对问题进行更深层次的发问。在发问时常见的形式有"为什么？""请说明理由。""还有哪些需要补充、完善或修改的地方？"等，追问在数学课堂的提问中比较常见。

有研究者认为，通过追问可以达到以下三个目的：使学生的观点得到澄清；在学生答案的基础上激发新信息；对学生的答案进行重新导向或重新组织，使之向更有成效的方向发展。

通过表2-5可以发现学生答案不完整或错误时，教师通常的做法。

表 2-5　学生答案不完整或错误时，教师通常的做法

	频率	百分比（%）
否定后给出正确答案	36	12.17
进行反问或追问，让学生自己发现错误	146	49.32
指出错误，并分析错误原因	51	17.23
让其他同学评价前面的回答，教师再补充	63	21.28
合计	296	100.00

从表 2-5 中的结果中可以看出，49.32% 的教师对学生的回答进行反问或追问，通过学生自己的反思来进一步修正答案。但是教师让其他同学进行评价与补充的比例还不大，提问时没有让更多的同学参与到讨论中来。

1. 追问"是什么意思"促进学生对问题的深刻理解

教学的根本目的是促进学生能力的发展，"是什么意思？"是一种数学的基本思维方法，实际是紧扣定义或含义，追问是对学生良好思维习惯的培养，使学生思考问题时时刻关注对象的定义或含义。实践证明，在数学解题或学习新课时，把问题或情境中的所有对象彻底搞清楚更容易完成任务。

2. 追问"你是怎么想到的"挖掘学生的思维过程

学生对于解题很少自己回顾过程，对一些原则的运用也只是知其然而不知其所以然。追问"你是怎么想到的"学生除了要给出解释外，还要重点说出他自身分析问题、解决问题的过程。这种追问有助于学生形成经常回顾自己思维过程的意识与习惯。

3. 通过详细阐述与转移对象提高追问的层次

在口头回答（或讨论）中对反馈的适当运用，邀请学生对观点进行阐述，回答问题的学生和观察的学生都被邀请来扩充、扩展并对初始答案进行深入地探讨，我们教师可以运用详细阐述和转移对象的方法来达到这些目标。

详细阐述的目的是运用初始答案作为思维的激发物，使学生们都参与到讨论中来。这很可能扩展初始认知水平或者引导学生至更高层次的思维。

为了增加在讨论中学生参与的人数，教师可以转移对另外一个学生问初始问题，如"你们其他人还有不同的想法吗？""你来谈谈对这道题你想选

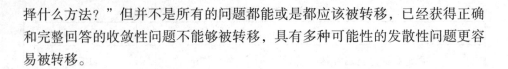

择什么方法？"但并不是所有的问题都能或是都应该被转移，已经获得正确和完整回答的收敛性问题不能够被转移，具有多种可能性的发散性问题更容易被转移。

第三节 互动教学模式在中学数学课堂教学中的应用

一、互动理论的来源与心理学依据

（一）互动理论的来源

19世纪美国著名社会学家米德（George Herbert Mead）从行为主义的基本立场出发，借助于19世纪的哲学和自然科学的发展结果，从进化论和行为主义视角探讨了个体通过运用语文符号进行社会互动并对社会化产生主动影响的双向过程进行研究，进而形成互动观和互动主义理论。

（二）提出互动理论的心理学依据

互动理论的心理学范式主要有三个：行为主义心理学范式，认知主义心理学范式，建构主义心理学范式。行为主义心理学范式主张人的学习是在行为与刺激之间建立联结，调节或指导学习的方法是通过相关奖励或惩罚来强化这种联结。教学过程中，教育者的目标在于传递知识，学习者的目标是在这种传递的过程中达到教育者所确定的目标，在传递过程中，其忽视了学生的理解与心理过程。认知主义是作为行为主义的对立面出现的，其对行为主义的学习观进行了彻底的颠覆，它认为学习是一种获得表征的过程，首先信息从外界通过各种感官进行感知，在短暂处理后进入工作记忆并与原来的认知结构相整合，或生成上位结构或产生下位结构，乃至形成新的认知结构，各种学习的策略可以对此过程进行预期或控制。在教学过程中，教学的目标在于帮助学习者获得这些事物及其特征，使外界客观事物（知识及其结构）内化为其内部的认知结构。建构主义是学习理论中行为主义发展到认知主义以后的进一步发展，它认为学习的实质是个体参与实践，与他人环境等相互作用的过程，是形成参与实践活动的能力，提高社会化水平的过程。在教学过程中，以学生为中心，强调学生是认知的主体，教师是意义建构的帮助者、促进者，不是灌输者。建构主义强调学习的非结构性和具体情景性以及学习中的社会性相互作用 ① 。行为主义、认知主义、建构主义三者作为不同的学习理论，其观点虽然不尽相同，但都是从不同角度对有关学习知识、认知与思维等基本概念及其关系的不同理解与表达，它们不是对立的而是互补的。

二、课堂互动教学的含义

什么是互动？互动有广义和狭义之分，广义互动是指一切物质存在物的相互作用与影响。我们通常所说的互动是相对狭义的互动，指在一定社会背景与具体情境下，人与人之间发生的各种形式、各种性质、各种程度的相互作用和影响。它既可以是人与人之间交互作用和相互影响的方式和过程，也可以指在一定情境中人们通过信息交换和行为交换所导致的相互之间心理上和行为上的改变，从而表现为一个包含互动主体、互动情境、互动过程和互动结果等要素动态的和静态相结合的系统。作为一种人际的相互作用和影响，互动必须在两个或两个以上的个体之间发生，一个个体谈不上相互作用，但仅仅有两个以上的个体客观存在，个体之间只是简单地施加与接受、刺激与反应或被动的单方面作用，不能认为彼此之间存在互动。只有当这些共存的个体之间行为发生联系和彼此能动反应时，才谈得上互动的存在和发生。我国教育社会学者马和民认为课堂教学过程就是一个人际互动过程。作为一种特殊的人际互动，课堂互动所包含的师生互动、生生互动、师生与教材环境等，具体指在课堂这一特定情境下，发生在师生间、学生间、师生与教材环境间的一切交互作用和影响。

新课程理念下的课堂互动是指在课堂上，行为主体间根据一定的教学目标，在自主、合作、探究的过程中进行的知识技能、方法策略、情感态度价值观等的交往和沟通。学生是课堂互动的中心，一切教学活动都必须紧紧围绕这个中心展开。我们可以用下面的简图（图 2-4）来表述互动教学要素间的相互关系。

"课堂教学模式"，从广义上讲，指的是教师、学生、教材三个基本要素在教学过程的组合关系；从狭义上讲，指的是教学过程各个环节步骤，诸要素的组合关系。所谓"课堂互动教学模式"就是把教学过程看作是一个动态发展的教与学统一的交互影响和交互活动的过程。它是通过优化"教学互

---

① 张建伟，陈琦.从认知主义到建构主义 [J].北京师范大学学报（社会科学版），1996（04）：75-82.

动"的方式，充分调动学生学习主动性和主体性，提高教学效果，塑造学生良好个性的一种教学模式。

图 2-4　互动教学要素间的相互关系

三、互动教学模式的特点

相对于一般的教学模式而言，"课堂互动教学模式"具有如下特点：

第一，互动是存在于课堂上，在师生间、生生间、师生与教材环境间发生的一种人际互动。其互动的主体是教师和学生，并且师生双方在互动中是同等重要、互为主客体的。在互动中，无论是师生的身份还是互动的目的、内容和互动发生的途径、情景等，均体现出明显的教育性的特点。

第二，互动是一种交互作用和相互影响的过程。互动不是教师对学生或学生对学生的单向、线性的影响，而是师生间、生生间的双向交互的影响。同时，师生间和生生间的这种交互作用和影响又不是一次性的或间断的，而是一个链状、循环的连续过程，师生正是在这样一个连续的动态过程中不断交互作用和相互影响的。因此，它表现出明显的交互性和连续性的特点。

第三，互动包括师生彼此间的一切相互作用。其形式可以是多种多样的，就教师而言，如与个别学生、小组学生或全体学生的交往；或是与学生共同参与、指导教学等；就学生而言，可以是学生个体间的合作，学生群体间的合作，可以是学生个体与学生群体的合作。内容也可以是丰富多样的，就教师而言，如对学生知识的教育、情感的交流、行为的指导和社交能力的培养等；就学生而言，可以是学习态度、价值观、能力、观点的相互影响等。因此，互动从本质上讲，是一个包括多种形式、多种内容的互动体系。从而表现出明显的网络性和系统性的特点。

第四，教师与学生之间的互动往往是一个教师与多个学生之间的互动，而不是一对一的；学生与学生之间的互动也不是一一对应的。从而表现为互动的非对应性。

第五，系统性和综合性，师生互动是一个受多方面影响的、包含多种成分在内的综合网络系统。师生双方以往的交往经验、相互间的认识、对交往和双方关系的期待、互动过程中双方不同的反应，甚至外界的评价和对互动双方的反应等，都会影响到师生互动及效果。

四、中学数学课堂实施互动教学的必要性

（一）学科教育的特点

在学校数学课堂中，互动是教学中极其常见的行为。例如，教师在讲完一个知识点之后必然要了解学生掌握的情况，这就要通过一些活动或对话来实现。数学课堂的"互动"很容易成为老师对学生的"单动"。其原因之一是数学本身高度抽象性的学科特点，它理论性、抽象性、逻辑性强，要求学生的数学学习不能是传统的被动式地接受，而应充分发挥主体性，主动地生成的。所以如果处理不好抽象与直观的关系，会使教学的互动性受阻。处理好教与学的"双向"互动才能将数学知识生成在学生的头脑里。教师要启发学生独立思考、亲身体验，使学生在亲自实践积极参与中体验创造的乐趣与成就感。而一旦课堂成了讲堂，互动成了单向，就会降低学生的主动性，学生的想象力和创造力。因此，"师生共同探讨""生生协助交流"等互动形式，通过实践、参与、合作与交流的学习方式，激活学生的主体意识和学习潜能，以增强其学习自信心，发展学生的个性特点和非智力因素。

（二）新课程标准的出台

基础教育课程改革纲要的课改目标的提出和数学新课程标准的出台也为实现课堂互动教学提供了可能性。

数学课程的目标除了基础知识基本技能之外，还要提高一些数学的基本能力如：运算简化、抽象概括、推理论证、空间想象、数据处理等能力，以及提出问题、分析问题的能力，数学应用和创新的意识。随着新课程改革纲要的颁布实施以及数学课程标准的出台，我们看到，数学教学是师生互动，共同参与的过程。师生都是数学教学过程的主体，教学是师生的交往渗透，是你影响我我也影响你，教学中交往就是对话，它意味着每个人都要参与其

中，而不是单向影响或教学的机械相加。它不仅是一种教学活动方式，更是弥漫、充盈于师生之间的一种情境和精神氛围。对教师而言，互动意味着交往，不仅是单方面传授知识，而是和学生一起分享；上课是专业成长和自我实现的过程。对学生而言，互动要求凸显主体性，开放心态，彰显个性，释放创造性。因此，构建和谐互动、共同发展的数学教学情景及民主平等的师生关系，是这次数学课程改革的关键。

（三）教育创新的要求

在学校中，教育创新的落实必须通过课堂教学中教师与学生的具体活动来体现。数学课程的一个重要目标就是培养学生的创新意识。教育正起着一个结构性的变化，从教学方向教学方式到师生角色等各个方面。教师不能仅仅满足于传授知识解开疑惑，而应该以自己的思维去启发学生的思维，以自己的思想去点燃学生的思想，以自己的创新意识带动学生的创新意识，以自己的行动做学生的榜样。这就要求教育努力探索新的形式，通过师生课堂教学的具体活动来打造出全新的数学课堂教学文化，培养学生的创新意识。

五、数学课堂互动教学应处理好的几个关系

（一）基与能

基，这里指"双基"，即基础知识和基本技能；能，特指新课程所倡导的创新能力和实践能力。正确处理基与能的关系，是每一位教育工作者正确认识新课程的关键，也是新课程改革的关键。

新课程把创新能力和实践能力的培养置于核心地位，以此来衡量改革的成效，这无疑是正确的，但强调能不是淡化基，更不是对基的否定。因为就基与能的关系来看，基是能的前提和基础，能是基的目标和归宿，离开了基，能就失去了他赖以生存的土壤，缺失了能，基必然变得僵化而无色彩。

（二）形与效果

形，这里指课堂互动过程（互动的组织形式）。效果，指教学内容及教学效果，尤指教学效果。正确处理这一关系，须坚持形式为内容（效果）服务的宗旨，不能因创新而一味地追求形式的新和华丽。要知道再好的形也有它的局限性，"互动模式"也不例外。

（三）教与学

这里包括两层含义：其一是教师与学生，其二是教师的教与学生的学。就第一层含义而言，就是要建立一种民主、平等、相互独立、相互制约的师生互动关系。就第二层含义而言，应着重处理好"师本"与"生本"的关系。传统教学以教师为中心，注重教师的讲、演、导；互动教学，以学生为中心，主张从儿童的兴趣和需要出发组织教学。应该说两种模式各有其长处和弊端，有些内容学生自学、自研、自练较好，如以培养学生计算能力为主的习题课等，而有些内容非需要教师认真讲解不可，甚至"满堂灌"也不过分。

正确处理教与学的关系，教师应实现以下几种观念的转变：①职业观的转变：教书匠 → 研究型 → 教育家；②教育主体观：教师为本、教材为本、学科为本 → 学生为本；③师生观：师道尊严 → 平等、合作、互动；④责任观：为学生的升学服务 → 为学生的一生做规划、奠定基础；⑤教学观：为教而教 → 为不教而教；⑥功能观：知识的传授者 → 学生发展的促进者；⑦管理观：学生的管理者 → 学生全面发展的引导者；⑧教师的成才发展观：一次拿到资格证书可以一辈子当教师 → 必须靠可持续发展的终身学习而成为一个好教师；⑨课程观：教师是课程与教学的忠实执行者 → 利用教材作为知识载体形成师生课程文化的共建者。

六、数学课堂互动教学模式的实施策略

（一）创建融洽开放的课堂环境，调动课堂学习气氛

陈时见认为课堂教学环境由物质环境和心理环境组成。陈时见等人的调查表明，课堂的物质环境与心理环境均与学生的学业成绩有着显著的关系。物质环境所涉及的内容主要有周边环境、班级规模、学生的座位和桌椅安排、展示系统、教室照明和室温等；心理环境涉及学习风气、班级舆论、人际关系等因素；其中心理环境更能影响学业成绩。因此，我们要创造一种课堂气氛来促使师生双方最大限度地相互开放、彼此接纳，进一步激发学生的创造性思维。

1. 师爱是创建和谐融洽的课堂环境的基础

教师对学生的爱，是人类最高的情感结晶，也是互动教学的起点和基

础。俗话说"亲其师，信其道"。爱是每个人的一种心理需要，"当教师必不可少的，甚至几乎是主要的品质，就是热爱儿童。"[①] 教学活动是一种伴随着师生情感活动的认知过程。老师对学生的热爱会通过语言、表情、行为等多个方面流露出来，孩子们是会敏锐地察觉到的。

爱学生的老师会呵护学生的自尊心。这是课堂教学也是学校教学最重要也是最主要的部分。我们要用放大镜发现孩子的闪光点，要处处保护学生的自信心。即便是课堂上的批评，也应该讲究艺术性，用爱的眼光洞察学生的心理，帮助分析学生错误的原因，有针对性地采用有效的方法和他交流并引导。不轻易拿某个不如他的学生做参照物，以免导致学习自信心和自尊心的丧失。尊重每一个个体并赋予适当期待，不抛弃，不放弃。

对学生拥有爱心的教师，会尊重学生，能和学生架起沟通的桥梁，使学生产生一种信赖和亲近，使彼此处于信任和接纳的积极心理状态。

2. 开放是创建和谐融洽的课堂环境的灵魂

要开放思维，开放答案。传统课堂环境过分强调学习的预设性和封闭性，缺乏对好奇心的刺激和智慧的挑战，缺乏发散性思维的启发，教师不善于从课堂出现的问题中得到灵感而生成新的教学资源，原先设定的教学框架绑住了师生的教学活动。新课程提倡的课堂环境是具有开放性、以人为本、注重人性化。

还要开放学习内容、表达方式、学习评价甚至是作业设计等，促进学生经过积极主动的认知活动及合作学习，获得自主发展。学生课堂学习的内容基于教材，又不局限于教材，以课标为依据，对教材有合理地整合扩展；学生表达自己新颖、独特想法的渠道不局限于语言、文字，还可能允许和鼓励学生利用绘画、音乐、手工、肢体动作等多种形式来展示自己的思维成果；对学习的评价也不只有教师评，还有学生互评、自评等多种形式。对学生的评价标准是多元的，关注学生个体差异性，采用延迟评价等方式。

强调学习的开放性其实质是突出学生的主体地位，在满足学生人性发展的前提下关注学生的个性差异，促进学生的个性发展，使每一个学生的潜能得到充分地发挥。

---

① 卢宁. 试论教学中的师生人际关系 [J]. 广西师范大学学报，1989，7.

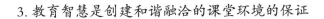

3.教育智慧是创建和谐融洽的课堂环境的保证

在实现互动的数学课堂上，学生灵感不断，不断探索又不断发现新问题，常常预想不到的问题冒出来。这是老师的教育智慧是课堂顺利展开，课堂氛围和谐融洽的有力保证。

（二）设置启发学生创新思维的题型策略

为了每一位学生都有事可做，有话可说，可设置"低起点，高落点"的探索活动，一则容易诱发迁移，二则照顾到个性差异，能使学生在不经意间获得知识。开放性题目有利于启发学生的发散性思维，有利于学生创新意识和能力的培养。它注重学生的独立探索过程，把数学结论的学习变成探索发现的过程，使每一个学生都能学到有区别的数学，使每一个学生都能有不同的成功体验，从而树立信心激发兴趣，培养合作意识。

（三）运用灵活多样的方法手段，激发学生探索欲望

1.注重引导，活用多种教学方法

常言道："教学有法，但无定法。"不能引导学生思维深入、促进学生情思共鸣的方法不是好方法。教学是一种创造性活动。需要教师在尊重学生的基础上灵活选择并创造性地运用教学方法，例如，在复习有理数一章时，为消除同学们的轻视心理，有教师把这一章内容分成概念关、法则关、运算关，在限定时间内讨论得出每个关口的知识点及应注意的地方。讨论完选出学生代表进行全班讲解最后老师总结，达到了很好的效果。

不管是情景体验、还是小组讨论，或问题探究，或展开辩论，或学生之间相互帮助，以及开展竞赛等方法，能保护并恰当地引导学生的好奇心和探索欲望，为学生创设足够的思维和想象的空间的才是好方法。

第一，要鼓励质疑。最高明的教学无非是让学生自己学会提出问题。因为提出问题比回答问题更需要创造性和想象力。"疑"是学习的需要，是思维的开端，是创造的基础，学生敢提问、会提问题正是智慧火花的闪现。

教师就要有强烈的问题意识。以身作则，做好榜样，还可以通过一些数学家的故事树立榜样。

也可以运用"同理可证""用类似方法""等语言，引导学生去探索发现问题，引发学生思维的火花。

教师可以故意在数学中犯一些错误，这时更能激发学生探究的热情。

应该正确对待学生的提问。不仅要尊重学生提问，而且要确立学生疑问高于教师提问、学生质疑先于教师质疑的观念。对于学生的提问，要及时表扬。在课堂上多给学生创造提问的机会和条件，使学生有质疑的习惯、方法和能力，就能在学习中不断发现问题，提出问题，不断地生成新的问题。

第二，多开展实验活动，体验发现创造过程。数学的定理、公式、法则是前人的发现结果，如果仅仅是要求学生记住，然后去模仿应用，学生很难体验到那些鲜活的思想和方法。为了更好地利用学生现有的认知结构，使学生能大致经历数学家获得发现时的思维过程，使学生在一种自然、主动的状态下"再发现""再创造"体验人们在求知时的那种乐趣。互动式中教师使学生运用实验的手段和方法，把知识结论的学习变成探索发现的过程，体验发现的乐趣。例如，三垂线定理完全可以利用直角三角板和丁字尺模型，通过实验过程让学生自己去发现得到。

2. 开拓思路，辅以各种教学手段

多媒体一改过去"一本书＋一张嘴＋一支粉笔"的教学模式，图文并茂，化静为动，使枯燥的概念定理变为形象生动，通俗易懂。尤其在立体几何的教学中，多媒体可以把复杂的图形分解成简单的，还可以很好地显示图形的形成和变化过程，让立体图形在平面里动起来。

例如，在教学点线面投影规律时，其学习的生动性以及对学习效率提高的程度甚至对发展学生空间想象能力的帮助都是很明显的。

合理使用多媒体进行教学还要注意：不能只注重带给学生感官刺激而让学生仅仅成为"观众""看客"，或者被预设的课件牵着鼻子走而让课件成为标准答案的投放仪，这样就失去了互动教学的实质意义了。

（四）给予学生合理的反馈与评价

新课程理念下，评价的目的是全面了解学生的学习状况[①]，激励学生的学习热情，促进学生的全面发展。评价也是教师反思和改进教学的有力手段。

对学生数学学习的评价，既要关注学生知识与技能的理解和掌握，更要

---

① 张英.面向全体关注过程多元评价——新课程理念下学生学习评价改革初探 [J].云南教育，2004，000（025）：23-24.

关注他们情感与态度的形成和发展；既要关注学生数学学习的结果，更要关注他们在学习过程中的变化和发展。评价的手段和形式是多样化的，如质性评价、阐释性评价、过程性评价、发展性评价、自我评价等。其中应以过程性评价为主。对评价结果的描述应采用鼓励性语言，发挥评价的激励作用。评价要关注学生的个性差异，保护学生的自尊心和自信心。教师要善于利用评价所提供的大量信息，适时调整和改善教学过程。

在这一环节中需要注意以下问题：第一，要注重学生数学学习过程的评价。如在对等分面积问题的探究进行评价时，应考虑学生是否积极主动地参与数学学习活动，是否乐于与同伴进行交流和合作，是否具有学习数学的兴趣。教师还应重视了解学生数学思考的过程，可以让学生在解决问题时，说一说他的思考过程。第二，要恰当评价学生基础知识和基本技能的理解和掌握。应允许一部分学生经过一段时间的努力，随着知识与技能的积累逐步达到。第三，重视对学生发现问题和解决问题能力的评价；要注意考查学生能否在教师指导下，从日常生活中发现并提出简单的数学问题；能否选择适当的方法解决问题；能否表达解决问题的大致过程和结果。第四，评价方式要多样化。我们说，每种评价手段都有自己的特点，评价时应结合评价的内容和学生学习特点加以选择。如教师可以选择课堂观察的方式，从学习数学的认真程度，基础知识和基本技能的掌握情况，解决问题和合作交流四个方面对学生进行考查。教师还可以从学习活动中了解学生的学习态度和合作交流的意识。第五，评价结果以定性方式描述呈现，用鼓励性语言描述学生数学学习的情况。

（五）发展迁移，创新应用

新课程理念要求学习的目标之一是学生能够做到举一反三，能够运用所学知识解决类似或同类问题。因此，教育专家十分重视学习的迁移问题。迁移是指一种学习对另一种学习的影响。迁移既包含知识技能的迁移，又包含情感态度等方面的迁移。从迁移的效果看，可分为正迁移和负迁移。前者指一种学习对另一种学习的促进作用，后者指两种学习的干扰作用。迁移思维是创新思维的基础，迁移思维匮乏者，很难有所创新。影响迁移的条件是多方面的：①课题之间的共同因素。桑代克指出，两种学习之间要产生迁移，关键在于发现它们之间的一致性和相似性。而在实际学习中，知识之间的共同因素往往潜藏于内部，这就要求学生有一定的辨别能力。②对材料的理解程度。现代认知理论主张有意义学习，这种学习和机械学习不同，它强调对于知识的保持和应用。一般来说，真正理解的东西，不论它如何改变人们总能认识它。因此，理解程度直接影响到有关知识的应用和迁移。③知识经验的概括水平。④定势作用。定势对知识迁移的影响既可能是积极的，也可能是消极的。⑤认知结构的清晰性和稳定性。认知结构是由人们对过去外界事物进行感知、概括的一般方式或经验所组成的观念结构。它的清晰性和稳定性直接影响学习效果。课堂互动教学中，教师应积极创造促进学生知识迁移的条件。如，给学生尽可能多地提供认识事物之间统一性或相似性的机会；引导学生在处理遇到用习惯方法难以解决有关类似问题时积极地从其他角度思考等。

（六）知识回放，知情俱进

"知识回放，知情俱进"是互动教学的最后一个环节。该环节通过对课堂知识、策略的回顾，达到巩固知识，增进情感的目的，是知识与情感的升华。这一环节是新课程理念的具体体现，又是进一步深化素质教育的需要。21世纪的今天，世界各国对基础教育的课程标准、课程设置、教科书、教育评价等都进行了全方位的革新，尽管各国的具体措施各不相同，但从中体现的一些基本理念却有异曲同工之妙，具体表现在以下两大特征上：①第一大特征为注重基础学力的提高、注重信息素养的养成、注重创造性与开放性思维的培养、强调价值观教育和道德教育、尊重学生经验、发展学生个性等；②第二大特征可以概括为"以学生的发展为本"。

七、关于数学互动教学的思考

（一）数学课堂互动教学成效的标准是课堂的实效性

朱永新在谈到什么样的课堂才有活力、智慧、情趣，才能让学生真正成为学习的主人时指出，一堂好课应具有以下六个特征：一是参与度，既有学生的全员参与、全程参与和有效参与。二是亲和度，师生之间情感沟通与智慧交流。三是自由度，轻松幽默的课堂更利于学生学习。四是整合度，即整体地把握学科知识体系。五是练习度，即学生在课堂动脑、动手、动口的程度。根据维果茨基的理论，学生是通过与教师和同伴的共同活动，通过观察、模仿、体验，在互动中学习，在活动中学习，学习的效率与成果如何，取决于在互动与生活过程中能否充分地运用自己的能动器官。一堂好课，在于是否真正让孩子练习和实践。六是延展度，即在知识整合的基础上向深度

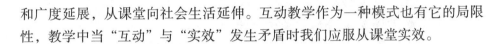

和广度延展，从课堂向社会生活延伸。互动教学作为一种模式也有它的局限性，教学中当"互动"与"实效"发生矛盾时我们应服从课堂实效。

（二）课堂互动的成效关键在于互动的"首席"——教师

课堂互动教学中，教师不仅是教学活动的组织者、引导者、合作者，还是互动过程的设计者、调控者、帮助者。实验中我们认识到，要有效地实施互动教学，发挥其优势和作用，教师一定要把握好自己的角色和任务：①作为设计者，要分析教学内容、确定教学目标，设计教学活动形式，选择媒体并创设情境，设计教学效果评价；②作为组织者和调控者，要利用媒体创设情境，引导学生思考，要宏观把握，及时调控学生的活动；③作为帮助者，教师要指导学生如何获取、利用和处理信息。

课堂环境千变万化，学生在变、课堂气氛在变、时间在变、教师自身也在变。据估算，教师在 45 分钟的课堂上，至少要做出 30 个与教学有关的决策。因此，教师面临着挑战，要恰当地应对这些挑战。叶澜教授和肖川博士曾以追问的方式来描述教师可能会遇到的挑战。

当学生茫然无绪时，我能否给他们以启迪？

当学生没有信心时，我们能否唤起他们的力量？

我能否从学生的眼中读出愿望？

我能否使学生觉得我的精神、脉搏与他们一起欢跳？

我能否使学生的争辩擦出思想的火花？

我能否使学生在课堂上学习合作，感受和谐的欢快，发现的欢喜？

我能否使学生在课堂上豁然开朗？

我能否使学生在课堂上"怦然心动""浮想联翩"或者"百感交集"？

我能否帮助学生达到内心澄明、视界敞亮？

课堂互动教学中，如果我们能真正做到以上几点或者其中的一部分，我相信我们的课堂应当是充满活力、是有成效的。

（三）课堂互动的最终受益者是互动的中心——学生

学生是课堂互动的参与者和最终受益者，一切教学活动和教学设计都应紧紧围绕学生展开。数学课堂互动是否有效关键在于能否全面提高学生数学学习成绩及数学学习兴趣，能否培养学生的创新能力与实践能力，能否促进学生认知和情感的协调发展，能否提高学生的科学素养与人文素养，实现教育教学质量和效益的全面提高，从而达到促进学生个性发展的教育目的。

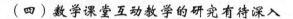

（四）数学课堂互动教学的研究有待深入

数学互动教学是互动教学和数学学科教学紧密结合而形成的新型教学理论和教学实践。通过对数学互动教学的研究，我力图构建一种新的数学学科的教学论，暂且称之为数学互动教学论。它应该有自己特定的研究对象，应该有自己的语言（即自己特有的概念、范畴），应该有自己的原则方法和策略，但这种理论还不够成熟和完善，比如，数学互动教学的实验还没有最终完成，一些概念和内涵还需进一步界定，教学策略还需继续接受教学实践的检验等。

第四节　智慧课堂教学模式在中学数学课堂教学中的应用

一、智慧课堂的含义

尽管国内外许多学者已对智慧课堂及其相关方面开展了研究，但目前没有统一的概念对其进行界定。

不少学者对于智慧课堂有着自己的理解。祝智庭教授认为智慧课堂是对翻转课堂的重塑和升级，它突破了"效果天花板"，促进学习者智慧能力的发展[①]。还有学者从智慧课堂的发展角度来定义智慧课堂，认为"智慧课堂"是以建构主义学习理论为依据，利用大数据分析、云端平台、物联网、互联网等信息技术打造的智能、高效的课堂。庞敬文在构建基于微课的智慧课堂时对其进行了定义：智慧课堂是智慧教育、智慧学习赖以发生的基础，它需要数字化的环境和新的技术、媒体、资源融入其中[②]。

还有部分学者根据智慧课堂在信息技术发展过程中的变化来定义智慧课堂。有学者将智慧课堂定义为智能化课堂，认为它是智能终端和物联网相结合的产物。更多学者借助信息技术的特点来分析智慧课堂，将智慧课堂定义为一种富有技术化、数字化的教学环境。

在查阅文献的过程中还发现，智慧课堂的概念总是与智慧教育联系在一

① 祝智庭.智慧教育新发展：从翻转课堂到智慧课堂及智慧学习空间 [J].开放教育研究，2016（22）：18-26.

② 庞敬文，张宇航，王梦雪.基于微课的初中数学智慧课堂构建及案例研究 [J].中国电化教育，2016，（06）：12-14.

起，本节在研究现状部分也对智慧教育做了一定的阐述，结合前面内容对智慧教育进行总结：智慧教育即教育信息化，是在教育领域全面深入地运用现代信息技术来促进教育改革与发展的过程。智慧课堂是智慧教育应用于学科教学中，是开展智慧教育重要部分，它有着混合式教学、移动终端教学、小组合作学习、游戏化学习等众多的教育理念。

　　因此，本书对智慧课堂的定义：智慧课堂是在大数据的支持下，借助智能学习环境提高教与学的质量，培养学生智慧与核心素养的课堂。其宗旨是让教师在课堂中留有一定的教学实践，学生围绕着某一教学知识点进行自主性地学习，其间在教师的必要引导下去思考和解决在学习过程中所遇到的各种问题，最终能将间接的知识转化成内在需要，形成自己的理解，即实现知识的内化。

二、智慧课堂的特点

　　智慧课堂，是能够发展学生智慧能力的课堂，从本质上说具有特殊且确定的课堂样态，从某些方面体现一定的智慧特征。要提炼、表征智慧课堂的关键特征，就要从它的两个重要构成部分（"环境"和"活动"）入手。其中"环境"指的就是智慧课堂的课堂学习环境，"活动"则体现在学生在课堂中开展的学习过程、课堂中发生的一系列交互行为、在完成学习任务的过程中不断生成的学习成果。基于此角度尝试提炼并归纳出了智慧课堂的特征，即技术支撑丰富化、学习过程灵动化、课堂交互多元化、学习成果生成化以及学习评价动态化。

（一）技术支撑丰富化

　　智慧课堂环境指的就是为智慧教学活动的开展与持续保驾护航的一切外在条件。为了开展智慧学习，必不可少的是丰富混合的技术支持。智慧课堂可以阐述为多种技术混合共生，为学生的学习提供智能化的推介、追踪与测评，包括多种智能化系统、各种可移动不可移动的终端，以及多种智能化的学习平台，给予教师和学习者便利的、智能化的教与学环境，促进智慧的教与学。同时，在促进学习层面，丰富技术支撑下的智慧课堂环境能为学生学习提供有针对性、有效的技术援助，提供丰富的学科工具、学习资源等，为智慧教学活动的开展和进行持续保驾护航，支撑学生经历智慧学习过程，发展学生的智慧。

（二）学习过程灵动化

灵动化，包含了机智、灵活、动态等的特征。智慧课堂的学习目标其实更加关注的是学生的思维经验积累以及智慧发展，而不是以学生掌握多少知识为衡量的标准。因此，在实际的智慧课堂中，学生的学习过程体现了对学习发生、学习持续进行和学习成果生成的自主性、任务化、交互性、合作化的灵活的、动态的组织和安排。学习过程需要教与学方式的转变与优化，需要教师教学思想的更新等，学生是智慧课堂的中心，整个智慧课堂应该是能够充分体现学生学习过程的灵活化，而灵动化正是体现了学生发挥机智、主动地参与任务、问题的自主、合作探究的动态学习过程，在这个过程中逐渐生成智慧的特征。

（三）课堂交互多元化

智慧课堂中汇集丰富技术支撑，课堂交互行为更为复杂，不单单包含一般的学生、教师及其之间的交互，还会涵盖教师和学生分别与媒体信息、信息技术等的交互等。与此同时，智慧学习过程本身就是复杂的，需要学生积极参与，会遇到很多甚至在以往的学习中不会遇到的问题，这就会导致学生以一己之力难以解决，这样就会产生如与教师、同伴讨论、尝试检索资源信息等更加丰富多元、多样的交互行为。这些交互方式和行为就从根本上拓展和保证了学生学习的广度与深度，课堂交互的多元化也从根本上决定了智慧课堂与一般课堂的不同。

（四）学习成果生成化

一般来讲，以往关注的学习成果就是学生在学习过程中产生的最终成果，值得注意的是，在智慧课堂中不要忽视其学的过程中持续产生的阶段性成果。课堂教学质量是否得到改善与学生在学习进行时和学习后产生什么样的成果直接相关。从某种程度上说，智慧课堂中更加强调阶段性生成的学习成果，就可以归纳为学习成果的生成化特征。基于要培养学生智慧的主要目标，学习成果也应该关注学生在智慧学习过程中的发现、构想、抉择、评价等的学习过程经历，以使其持续生成凝聚学生智慧的学习成果。阶段性学习成果应是在阶段性的学习目标的指导下生成的，由于智慧课堂与一般课堂本质上非常不同，它所强调的学习目标更关注学生在知识、思维及态度等多种层面的交融，在其中产生的学习成果也就需要严格以这些

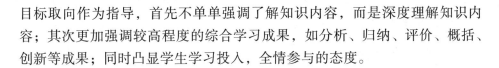

目标取向作为指导，首先不单单强调了解知识内容，而是深度理解知识内容；其次更加强调较高程度的综合学习成果，如分析、归纳、评价、概括、创新等成果；同时凸显学生学习投入，全情参与的态度。

（五）学习评价动态化

智慧课堂教学中采取贯通课堂教学全过程的动态学习诊断与评价，从而实现了动态、即时的诊断信息及评价分析反馈，重构形成了新的教学评价体系，实现了面向课程目标，多维动态的评价学习过程与成果。基于评价主体的视角，除一般课堂中一贯的教师对学生评价外，还包括学生之间进行的互评，需要划分学习小组的时候还要进行组内以及组间评价等，伴随着学习者的学习的全部历程，学生将获取更多的评价信息，并且来自更多的相关主体。基于评价内容的视角，不仅包括支撑学习者的各种问题测评，还包括学生的多种生成的成果评价，就比如说认知性的成果等。这些信息数据将从不同角度更全面、真实地反映学生的成长状况，将推动课堂评价从阶段性的静止评价转向全过程的动态评价。可见，智慧课堂中的学习评价全程引导了学生学习，激励了学生的投入和最佳学习成果的生成。

三、智慧课堂与传统课堂在初中数学教学中的各环节对比

（一）课前对比

在新一代信息技术的支持下，智慧课堂在课前的学情分析方面，远胜于传统课堂，它在大数据分析的基础上，有效地避免了传统课堂预习流于形式、教师主观推断学情的弊端，它促进了教与学方式的变革，从先教后学，最终转变为先学后教。在《反比例函数的图象与性质》一课中，传统的课堂上，需要学生做出反比例函数的图像，并归纳性质，但在学生已经学过绘制一次函数、二次函数图像的基础上，学生完全可以进行课前绘制。因此，在这节课的设计中，可以在课前推送预习微课，安排课前检测，绘制反比例函数的图像，并拍照上传至网络平台，教师在进行教学设计时，就可以看到学生的作品，了解学生的知识缺漏，第二天展示学生作品，让学生各抒己见，点评作品，自我纠正，不仅提高课堂效率，更让学生完善新知。此外，还可以推送几道简单的反比例函数性质的选择题，在课前即可看到每个学生的选择情况，了解预习效果，以便更有针对性地备课。

（二）课中对比

传统课堂过多地强调了教师的教，无法精准地获取学情，教学形式比较单一，不容易激发学生兴趣。而智慧课堂利用其强大的互动功能，将课堂还给学生，实现以学定教。

（三）课后对比

传统课堂的作业反馈具有滞后性，且手段单一，而智慧课堂推送复习资源和个性化作业，批改反馈及时有效，微课可循环播放，讲评效果较好。学生根据自身情况，在课后选择复习资源，同时，在推送的课后作业中，以考查学生的知识迁移能力的题目为主，为下节课的教学设计提供学情依据，此外，也针对作业中错误率较高的问题，录制讲评微课，通过视频展示，让学生对本节课的重难点留下深刻印象。

四、中学数学智慧课堂教学模式的构建

（一）设计目标与原则

1.设计目标

（1）发展数学核心素养。数学核心素养使学生在忘记学过的数学知识时，也能用数学思维来思考问题、解决问题，对学生数学核心素养的培养体现了课改的基本理念，设计新授课智慧课堂的教学，必须保证学生在学习数学知识的同时，也逐步培养核心素养。但核心素养的培养不是一蹴而就的，是在学习过程中逐步体验和建立起来的，学生的自学、同伴间的互助学习与教师的引导学习过程都会促进核心素养的培养。因此，实施新授课智慧课堂教学，要重视各个环节对学生核心素养的发展。

（2）注重知识的连续性和关联性。知识是动态的、连续的，数学知识以应用性为主要目的，更需要关注知识间有何种联系及如何联系，以便在解决实际问题时形成正迁移。因此，教师要帮助学生在学习的过程中从认识基础知识间的连续，到自主探究知识间的连续。思维导图、鱼骨图、知识树、框图等知识框架图都是帮助学生认识知识间联系的有效工具，它们通过各种方式将各部分知识间的关系清晰地展示出来，特别能够体现知识的结构特点。

学生若可以理解知识的动态变化，逐渐摒弃孤立地去看每个知识点，那么他们在思考问题等方面的能力将会有很大的提升。学生将已经学习过的知识与新知识进行串联，将具有联系的部分再进行总结性学习生成主干，这一过程实际上是一种上位性的学习，而反过来根据总结再分析各个分支上的知识时，又可以理解为一种下位性学习，这样反复回忆与更新知识，在同化和顺应的过程中实现综合性学习。

（3）提升问题解决能力。心理学中对问题解决的定义是，为了使问题能够从初始的状态到达目标状态而进行的有目标指向性的认知操作过程。培养学生数学问题解决能力，不单指培养他们的解题能力，问题解决是一个包含了一系列心理操作的复杂过程，需要一些高级规则，更不是对已有知识的简单再现。

培养问题解决能力，就要先从设计问题的角度入手。还要重视学生对开放式问题的作答，把握学生在解决此类问题时所呈现的思维方式，在练习中培养他们解决问题的发散性思维。

数学学习中提升学生问题解决能力的前提是问题本身有意义，一个好的数学问题能够引发学生思考，帮助学生重新组织已经掌握的知识，并在此基础上产生新的思考：这个问题能不能衍生出新的问题？能不能与实际生活中的问题相关联？等等。因此，在智慧课堂这种更注重知识应用的教学方式中，课堂的主要环节，即巩固练习阶段，对教师精心设计练习题的要求也越来越高。

2.设计原则

（1）自主学习的原则。终身学习时代对任何一个公民，尤其是学生的自学能力的要求更高。学生是自我教育和发展的主体，在接受教育的同时也进行着自我教育，他们本身具有主观能动性，但这种主观能动性在学习过程中往往需要一定的刺激情境才能被激发出来，尤其是进行对他们而言有一定难度的学习。数学学习中各种思维的培养往往来自自主探究性学习，传统教学方式下学生自主学习数学新知识，一般以看教材或教材辅助材料、做练习题的形式进行，在没有教师的监督和帮助下，如果学生自控和自学能力较差，则会形成了较差的自学习惯。

基于以上原因，在设计智慧课堂教学流程时，注重对学生真正自学能力的培养，以期在无师的情境下，学生仍然能有良好的学习效果，降低自学时对教师的依赖。从关键处出发，利用智慧教学设备的辅助，引导学生从已有的实际发展水平达到潜在的水平，即着眼于最近发展区的发展，并创造新的最近发展区。

（2）合作学习的原则。在智慧课堂教学流程设计中，设置生生合作、师生合作的环节，意在使学生解决常规问题时，通过学生之间言语的交流，纠正那些不符合学科特征的语言，培养严谨的数学逻辑。

例如，刚刚接触"数轴"时，很多学生将数轴的方向表达为箭头，当班内有部分学生明确正确的说法后，在交谈学习中纠正了其他学生的表达方式，这种影响效果甚至超过教师的重复性要求；而合作解决非常规问题尤其是劣构问题时，学生发散思维也能得以锻炼，在交流探讨中迸发出自己的思考，学会举一反三，触类旁通。

（二）教学模式的构建

初步建构的模式主要包括课前自主学习、课上知识内化和课后反思提升三大学习阶段，课上学习又分为任务不同的四个环节，数学智慧课堂教学模式如图 2-5 所示。

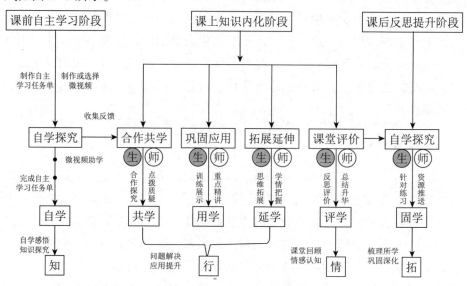

图 2-5　数学智慧课堂教学模式图

1.课前自主学习阶段——自学

本阶段的学习是学生课下线上的自主探究学习，教师编制在学生自学能力范围内的自主学习任务单，同时上传微视频作为辅助学习资源；学生利用微课助学完成任务，体验感知，发现问题并反馈给教师；教师根据反馈及时调整备课方案，从而实现精准、有针对性地备课。

自主学习任务单的设计更多的是问题而非习题，众所周知，问题一般与概念、原理、方法有关，弄清楚问题实际上能帮助学生更从容地举一反三。基本问题在本质上降低了学习难度，提高了内容的完成度，方便教师统一教学进度；拓展性问题培养深层次的学科素质，也是一种因材施教的策略。

帮助学生自学的微视频时长在 6 分钟左右，要求微视频课程生动具有趣味性，以借助视频的有效性激发学生的学习积极性。微视频的内容是连续的，以"洋葱教学"为例，学生在观看视频的同时也需要完成其中的小测验，同时解锁下一个知识点，"洋葱数学教学"展示如图 2-6 所示。

按照布鲁姆的"教育目标分类法"，在知识领域的目标可以分为：知识、领会、应用、分析、综合、评价，自学阶段我们主要达到前三个浅层次的目标，在设计练习时前面题目应当偏向概念陈述以实现"知识"有效运用的目标，帮助学生完成对最核心概念、定理的记忆和理解。借助 6 分钟的短视频学习新知识，记忆和应用就显得更为重要，在微视频结束后还配有 4 分钟左右的反馈性练习。

自主学习任务单为学生提供了学习支架，微课以及其中的检测练习使学生实现了基础知识的预习和拓展思考，学生自主学习后生成的数据统计等反馈信息方便教师及时修改课堂任务，以利于教学目标的实现。

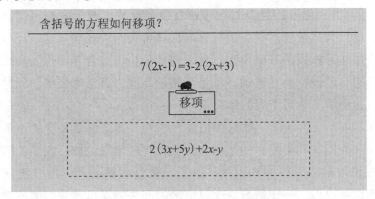

图 2-6　"洋葱数学教学"展示图

2. 课中知识内化阶段——共学、用学、延学、评学

"学习金字塔"理论指出微视频的教学在一定程度上可以帮助学生理解，它适合学生自学，但是打破视频的天花板效应还需要课堂的合作，包括生生

合作与师生间的合作。

（1）"共学"。"共学"即合作学习，有生生互助共学，也有师生合作疑难突破。生生互助通过小组合作来实现，在坚持同组异质，异组同质的分组原则前提下，学生间的合作学习既包括组内合作，也包括整个班级各个小组间的合作。其基本过程是教师将课前反馈的问题借助平板展示，学生先组内讨论，然后组间互相帮助。例如，某问题3组所有成员无法解决，那么则由其他组的代表来为3组讲解。

学生合作探究解决问题过程中教师观察学情，课上完成二次备课，最后将问题完善归纳，提升重点。该环节教师的作用是不可替代的，传统课堂中，教师的大部分教学时间仍然停留在浅层学习活动，帮助学生实现对知识的记忆、复述或是简单描述，智慧课堂的"助学"则关注深度学习理论，学生高阶思维能力的发展在有教师帮助的课堂中实现。在生生共学交流结果展示后，教师点拨质疑，解释质疑，师生共同参与突破疑难问题，解决问题。

（2）"用学"。"用学"阶段侧重学生对知识的巩固、能力的提升。据建构主义理论，教学要着眼于学生的"最近发展区"，那么在"用学"阶段，教师则考虑为学生提供一些稍有难度的题目，一方面，调动他们解题的积极性，发挥潜能；另一方面，以超越最近发展区达到新的发展阶段，在这个基础上创造下一个发展区，形成良性循环。

自主学习所反馈的问题在"共学"环节解决后，相当于课上完成了基础知识的学习，"用学"即是对知识理解程度的测验。教师发布习题，学生当堂训练，借助数据统计对学生进行诊断性评价及精讲拓展。这一环节的练习不同于自主学习阶段的基础检测，它针对"分析、综合、评价"高层次目标的实现，题目的设计是在教师对学生学情的掌握中调整生成的，问题更具有综合性，帮助学生学习能力的形成。

（3）"延学"。"延学"即延伸拓展性学习。智慧课堂关注的不单纯是问题的解决和应用，其最终目的是内化知识，将所学知识前后联系、同化和顺应，由知识链构成完整的知识网，这是培养学生核心素养的关键环节。当综合类问题解决后，一定留给学生足够的时间去独立思考并归纳所学，包括知识性总结和思想方法性总结，让学生对本节所掌握的知识有一个系统的概括。

通常，该环节以学生自画思维导图或鱼骨图等知识框架图为主，并将所画思维导图传至平板保存，这是复习时的重要材料。

（4）"评学"。"评学"作为课堂学习的最后一个阶段，主要是学生对本节课自己的表现进行总结反思和教师引导点评。"评学"实际上是激发学生的学习动机，尤其是为了保持同学和教师的赞许或认可而努力学习的附属内驱力部分。学生的自我评价帮助他们查漏补缺，教师的评价是多角度多方面的，既包括对学生自主学习阶段的评价又有对课堂表现的评价，这些评价被记录在教学平台，并自动生成数据作为学生成长的记录，激励学生的进步。

3. 课后反思提升阶段——"固学"

课后学习是对课前与课中学习的延续，且这一阶段对于教师和学生都十分重要。知识的学习是个体积极地、主动地进行意义建构的过程，课堂监控下的共同学习是展现智慧的一种途径，课后主动反思、自我提升同样是发展智慧的途径。

教师在课后的主要任务有两大方面：为学生推送练习资源及进行教学自我反思。教师根据在课堂中对学情的把握，分层次地为学生推送练习资源，如向课堂中能全部轻松解题的学生推送提高性训练题目，这类练习通常以综合性难题为主，进一步培养他们的数学思维；对于那些在课堂基础性训练中表现得有些吃力的同学，教师主要为他们推送需强化的知识点及必要的练习，使他们及时巩固课堂所学。另外，教师借助课堂实录功能，可有选择性地观看回放，通过分析课堂教学对自我进行评价，在评价与反思中提高自己的课堂教学水平。

智慧课堂的课后阶段对学生的要求也十分明确，课堂掌握程度好的同学重点在深化提升，根据教师推送的提高性的资源综合训练，在每堂课的课后学习环节逐渐地提高自己的数学水平；那些未跟紧课堂节奏或有某个知识点未理解的学生，课后的主要任务则是及时观看实录回放查漏补缺，然后完成教师推送的基础性练习，保证能够在最短的时间内掌握新学内容。

同样地，教师在课后也借助平板实现对学生课后作业及练习的监控，或对学生的在线答疑解惑。

第五节　变式教学法在中学数学课堂教学中的应用

一、数学变式教学的界定

数学中蕴含着"变"，如，变量和常量，变换的数学方法和思想等，但数学最终研究的是变化中的不变。在界定数学变式教学之前，我们先明确一下"教学变式"的含义。顾明远对"教学变式"的词条解释："在教学中使学生确切地掌握概念的重要方式之一。即在教学中用不同形式的直观材料或事例说明事物的本质属性，或变换事物的非本质特征以突出事物的本质特征，目的在于使学生了解哪些是事物的本质特征，哪些是事物的非本质特征，从而对事物形成科学概念。"教学变式与变式教学是两种不同表述但内涵一致的认识，都是教学过程中利用变式实现教学目的。

数学变式教学的定义，结合了变式教学和数学学科的特点，是特定数学素材上的变式，目前有以下几种界定：

顾泠沅指出数学变式教学就是通过不同的角度、不同的侧面、不同的背景从多个方面变更所提供数学对象素材或数学问题呈现形式，使事物的非本质特征时隐时现而其本质特征保持不变的教学形式。由此，数学变式教学要兼顾变式教学与数学学科特点，并注重变式空间的设置和呈现方式。

梁梅芳认为数学变式教学就是在数学教学中，运用变式手段，创设变式问题以激发学生思维的积极性和独创性，通过教师的启发诱导，让学生对变式问题进行独立地探索与尝试，从而获得新知识，解决新问题。这种认识开始考虑到变式教学过程中的主观因素，以问题变式的形式促使学生对数学问题的解决。

耿秀荣理解数学变式教学为一种教学设计方法，就是在数学教学过程中不断地变更数学概念中的非本质特征，变换问题中的条件或结论，转换问题的形式或内容，配置各种实际应用的环境等，以期找到问题的本质特征或内在联系。这种对于数学变式教学的阐述，更倾向于是数学概念的变式教学。

变式既是重要的思想方法，又是重要的教学途径，通过变式方式训练技能和思维叫作变式训练，而变式教学可以简述为采用变式方式进行的教学[①]。从以上学者对于数学变式教学的界定，可以看出不同的阐述有各自的侧重点，但是呈现逐步完备的趋势，其表现形式更丰富、更具体。数学变式是相对于某种范式的变化形式，这里所谓的范式，主要指具体的范例，包括观念、信仰、基础理论以及解决问题的办法等。因此，数学变式教学指对于不同的数学素材，兼顾数学学科、学习若和环境的特点，采用不同的设计，变更认知对象的非本质特征，从而让学习者从不同角度、不同方面、不同背景中思辨，达到认识所学知识的目的。

---

① 段元锋.运用变式训练激活数学思维[J].资治文摘：管理版，2009（9）：1.

二、变式教学的意义

（一）变异维度、教学度与可能的学习空间的创设

1.学习是一种体验

体验事物的某一方法是现象图示学的研究单元。那么究竟什么是体验？在现象图示学看来，所谓的体验与我们的意识在某一瞬间被结构化的方式有关。为了体验某一对象，如，一个物理对象、一个文本或者"数""力"等概念，该对象的某些方面必须从其背景中被辨识，同时将这些方面与整体进行比较，并被同时置于焦点意识内。

2.教师的教学度、认识度与变异空间的构建

当内容的某一方面保持不变而其他的发生变化时，变异的一个维度就产生了。让我们先来看以下两位教师在教正方形的定义的过程中是如何将变式展现给学生的。第一位教师根据正方形的图形，先关注四个角，向学生指出它们都是直角，接着，关注四条边及其关系（四边相等，对边互相平行），最后，给出正方形的定义；而第二位教师，也关注到了相同的方面：四个内角和四边，但不是直接介绍，而是通过角和边的变异给出。将正方形与菱形的角进行比较，给学生展示了角大小的变异，即"角的大小"这一维度的变异，学生可以体验角度大小这一变异维度中的一个值：直角。同时，改变正方形的其他方面，形成其他的变异维度：边的长度、边的条数以及不同的正方形（指边长不同）等。例如，通过指出日常生活中的正方形，如，正方形的地板砖、骰子的六个面、棋盘中的正方形等。

鲁恩（Runesson）曾经研究过五个数学教师在教分数与百分数时是如何把握教学内容的。他的研究表明，五位教师共形成了三个不同的学习目标。第一个学习目标，通过同时关注问题的正确解答以及合适的解题过程，由教师提供一些替代性的解题策略，它们要么是抽象的、符号化水平，要么是具体的、操作水平；第二个学习目标，不再关注正确答案的获得，分数的意义成为教学活动的中心，既关注过程性的方面，又关注概念性方面，但是，教师创设和控制了变异；第三个学习目标，在学生构想分数概念的过程中，通过变异，一个数学结构被构建了，而在师生或学生自己用不同的方法解决一些具体问题后，借以回顾和反思，数学又被重构了，学生有自己形成变异的

机会。相关的研究还发现，当教师传授某一内容给学生时，它们往往关注主题化内容的某些方面，而不关注或非主题化其他方面；变异在构建学习对象过程中起很重要的作用；尽管这些老师使用不同的方法关注教学内容的关键性方面，但他们都表现出使用变式的能力或意向，但在访谈中，这些教师似乎没有明确表达出对变式的使用，所以，对变式使用的能力或意向，也似乎是一种"缄默知识"或者是一种"操作中的知识"。许多教师无意之中在自己的教学中使用了变式，有的教师可能创设了一些变异维度但自己却没有意识到。"如果教师能够识辨教学内容的那些关键性方面，那么就更有可能讲明白这些关键性的方面，并且针对这些变式构建相应的变异空间"。

教师应能够同时识辨教学内容的关键性方面和学生学习的关键性方面。教师对具体的教学内容所设计的变异与教师对教材内容的认识与理解的程度有关，把"某一内容在课堂教学中所实际施教（主要指教）的程度叫作该内容的教学度"。很显然，某一内容的教学度因人而异。这是因为教学度与教师对教材内容的理解与把握的程度有关，把教师对某一教材内容（包括教案设计及教学方法的理论依据）的认识与理解的程度叫作该内容的认识度。

（二）促进教学理解的变式训练

有学者认为"变式训练"就是通过变式的方式进行技能和思维的训练，但变式训练的功能是否仅限于此呢？变式是基本技能与过程能力的桥梁，而建立在变式基础上的重复可能导致理解。许多的研究认为变式训练"看似简单重复，其实是不断求新变化，通过逐渐积累，甚至由量变到质变，得到新的认识"。学生数学思维能力的提高以及独立工作能力的形成，主要取决于有关变式问题的长期训练，而不是死记硬背。正是由于重复学习与记忆的综合，学习者得以辨别那些潜在的概念。

三、数学变式教学实施影响因素

（一）教师因素

教师作为教学实施的主体，其学习和教学背景与教学工作密切相关，本研究所指的背景因素，主要涉及性别、年龄、教龄、现有学历、职称。另外教师对变式教学的理解、教师基本能力和教学经验、教学态度和教学知识，以及教学信念等，都对变式教学的设计及实施效果起着至关重要的作用。

1. 教师的知识和教学态度

教师态度主要是考虑教师对学生、教学的态度。常言道：亲其师，信其道。对学生的尊重和理解、宽容和耐心、平等和公道，必然会形成良好的师生关系，为变式教学创造良好的氛围。美国教育学家舒尔曼（Shulman）分析认为，教师的知识主要包括学科内容知识（学科本体知识和相关的其他文化知识）、学科教学知识（教学法知识、课程知识、信息技术与课程整合的知识、教育哲学知识、关于学习者的知识）、实践性知识（教育情境知识、技艺知识、个人实践知识）。对变式教学影响主要是教师的学科内容知识和学科教学知识，它与前两种知识有紧密联系，而且教师的教学经验也是对教师实践性知识的印证。

2. 教师心理和信念

教师是学生学习的榜样，其心理品质对学生有重大影响。因此，教育教学实践要求教师在情感、意志、兴趣等方面形成特点，教师对变式教学的情感、动机必然会影响着数学变式教学的有效实施，譬如，教师对变式的钻研，会激发学生相应的情感体验，教师坚定克服变式教学实施中的困难，也是一种影响学生和自我的内在力量。

信念是十分复杂的。信念强度、信念类型以及信念系统因人而异，有的教师认为只有通过变式强化训练才可能改变学生及其学习。考尔德海德（Calderhead）将教师的信念分为5类，即关于学习者和学习的信念、教学的信念、学科的信念、如何教学的信念、自我和教师作用的信念。一般来说，教师信念是其对学生、学科、教学、教师等的看法或归因，而且教师的信念很难通过询问教师得知，需要全方位捕捉教师的教学信息。教师信念中包含的变式教学动机，是指教师把数学变式运用到教学中的主观愿望，如果教师没有这种意愿，那就不会思考如何运用变式的问题。

3. 基本能力和经验水平

基本能力包括认知能力和自我反思能力两个维度。教师对于教材、学生心理及知识最近发展区的认识，都在一定程度上影响着变式教学，教师的自我反思能力，影响着自我发展的提升空间。在当代数学教学改革中，提倡和谐的课堂氛围。因此，会有更多超出预设的"生成性"，教师的主导作用就显得尤为重要，同时也要求教师具备更强的驾驭知识、课堂和学生思维的能力。因此，数学课堂变式教学能否高效实施，教师的经验水平起到至关重要的作用。

（二）学生因素

1. 学生的智力因素与非智力因素

智力主要指观察力、想象力、思维能力及实际操作能力。学生的智力差异不太大，其差别更多的是体现在非智力因素方面，非智力因素主要有学习动机、学习兴趣、学习意志等，这是内驱力的源泉。变式教学中变更非本质特征的表现形式，通过不同的角度，让学生发现问题，增强其自信心，磨炼其学习意志。而学生自我积极的意识准备状态，能有效地帮助他们迅速准确地利用相关经验和知识储备来筛选有用信息，从而高效快速地解决问题。

2. 学生学习基础

学生的学习基础包括知识基础、学习能力和学习习惯，这是变式教学所要考察的必备要素[①]。现代教育心理学研究表明，一种学习对另一种学习的作用不是直接的，而是基于学生原有认知结构间接产生的影响，这种影响的范围和大小取决于学生认知结构，学生清晰、稳定和概括性强的认知结构，有利于他们快速获取新知识。

（三）教辅因素

1. 教材的结构和知识性质

教材是学生获得课程经验的介质，基于不同视角，教材的定义不同。宏观教材既包括物质载体（教科书、教学用书等），又包括观念的内容（师生头脑中已有知识、经验等），本研究中的教材主要指教科书。黄毅英等提出"螺旋变式课程设计"的原理，利用归纳变式、应用变式、广度变式和深度变式来设计教材，可以为学生提供有目的、有秩序的变式。教材知识性质影响教师变式教学使用环节、讲解顺序等，而且不同学段对同一概念或定理的表述也会有所不同，另外对于概念、命题的变式策略和指导原则也有所不

---

① 田贵荣. 提升学生学习素养是有效教学的基础 [J]. 教育实践与研究（中学版），2008，000（020）: 4-6.

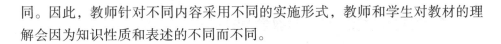

同。因此，教师针对不同内容采用不同的实施形式，教师和学生对教材的理解会因为知识性质和表述的不同而不同。

2. 辅导资料

教师的教辅资料包含教师教学用书及其他辅助教学资料，这些是教师的教学设计的必备工具，特别是教师教学用书对教师教学的影响最大，它决定教师教什么、怎么教以及布置给学生怎么样的巩固练习等，在变式训练中，题型的变化更多是借鉴或直接运用辅导资料中的题型。另外，数学的发展是历史性活动，教师不应仅仅局限于现有教材，也可以从数学史中探索教育思想并完善其理论。

（四）环境因素

1. 学校环境

学校环境因素主要由软件和硬件等显性或隐性资源组成，是变式教学实施的主要场所，也是变式教学研究的必要因素。本研究中的学校环境主要涉及专业学习共同体、制度文化等。制度文化环境对变式教学有一定的抑制或促进作用，这里所说的制度，主要指学校为推动教师科研而制定的有关规定，如果缺少学习科研规划和目标引导，外部评价制度也不利于教师的积极探索，那么必然会影响变式教学的实施和进一步发展。专业学习共同体的环境通俗地说就是数学教研组这个共同体，这个共同体营造的环境的核心是合作，这种合作建立在人格平等、自由讨论和紧密联系的基础之上。这种环境中数学变式教学的有效实施，反映在教师的人际关系方面，许多研究者认为，校内教师同事之间合作关系是教师专业成长的决定性因素。

2. 社会环境

社会是一个包含着政治、经济、文化等诸多方面的大环境。具体到数学变式教学的实施，概括起来，影响它的社会因素主要有教科研活动、社会课程资源、学生家长等，社会层面的教科研活动主要指省区市的专题研究、公开课、论文评比、专家讲座等，社会资源涉及大众传媒、学生的课外辅导等，而学生家长主要有家庭背景、对学生期望、与学校合作情况等。

四、变式教学在中学数学教学中的应用

（一）数学概念的变式教学

数学概念是人脑对现实世界中的空间形式和数量关系的本质属性的一种反映形式，数学知识的学习首先要从数学概念开始，概念能够帮助学生辨析数学对象的本质属性，同时对一切数学问题进行分析、推理、猜想、证明都需要以概念为依据。概念是数学思想方法形成的核心所在，掌握数学概念的实质，灵活运用概念解决数学问题是学好数学的前提，是培养学生数学素养的知识基础，也是提高学生能力的需要。而我们知道概念本身是高度抽象不易理解的，那么我们如何才能让学生真正地去学会这些概念？在此，数学概念变式就显得尤为重要了。

对于概念变式，其实在我国应用已久，顾明远在教育大辞典中对于概念变式有如下解释：概念变式是一种在教学中能让学生准确掌握理解概念的重要方式，也就是在教学过程中以不同形式的事例或材料展现事物的本质内涵，或者为了突出事物的本质特征去变换同类事物的非本质特征。让学生分辨出事物的本质特征和非本质特征，全面了解概念知识，而教师就是通过引导学生对不同的概念变式之间以及概念与非概念变式之间的联系和差异，使学生掌握概念的本质属性，达到对概念的全方面的理解。

1.概念的引入变式

好的开始是成功的一半。引入是学生对概念产生的第一印象，是形成概念的基础。在一个新概念的教授过程中，教师根据概念的类型，将概念还原到客观实际中，从学生已有的知识和生活经验出发，为学生创设出自主学习、合作交流的生动形象的教学情境，引导学生去进行操作、观察、猜想、交流等一系列数学思维活动。不仅能激发学生的学习兴趣，又利于他们感知数学学习，再通过变式移植概念的本质属性，使实际现象又抽象为数学问题，这样不仅展示知识形成的过程，又促进了学生概念的形成。如对在学习《直线、射线、线段》的概念时，我们可以借助数轴、光线、木棒等实际可见的参照物引入概念，再通过变式观察比较这三种物体的端点、长度以及延伸性对概念的本质属性加以认识，从而对直线、射线、线段的概念归纳区分，再让学生找几个类似实际模型来组织已有的感性经验，深化学生对概念具体含义的理解。

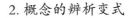

2. 概念的辨析变式

所谓概念的辨析变式，是指学生在学习过程中初步理解概念的内容后，通过对概念的内涵及外延设计一些针对性的辨析问题，让学生在对这些问题的思考和解决的过程中，领悟概念的本质。创设辨析情境后，教师要给学生充分思考的时间，不要急于提示或给出答案，而是和学生一起探究，如果学生在解答辨析中，暴露了知识的欠缺面，教师要因势利导，促其自悟，完善自我知识结构，进而培养学生解决问题、分析问题的能力。

3. 概念的反例变式

在概念的认知过程中，要着重让学生去抓住定义中的关键性词句，准确找出概念的本质属性，避免造成理解上的混淆和应用上的失误。所以教师在教学过程中，有时借助反例来否定学生对概念的片面认识要比运用正面的例子加以阐述更具有说服力，达到正面举例未有的效果，进而强化学生对概念的全面理解。

4. 概念的深化变式

概念的深化变式是指在明确了概念的内涵和外延之后探究概念的转换及公式定理变形的推广应用。教师针对不同的概念设计出不同的变式，为培养学生的解题应变能力创造机会，在解题过程中不仅强化了学生的解题能力还渗透了数学思想方法的应用，为学生对概念的深刻理解提供了帮助，有效发展了学生的创新思维、逻辑思维、辩证思维和逆向思维。

（二）数学机能性的变式教学

数学习题千变万化，是数学思想、知识、方法的载体。要应对这千千万万不同的习题，注重题海战术也只是靠"量变引起质变"，不能使学生理解习题的本质，反而增加了学生学习负担，降低学习效率。在教学过程中教师不仅要让学生学会解题方法，更要让学生在解决习题的过程中通过不同的变式练习，达到让学生理解知识、熟悉方法、总结规律、拓展新知、训练思维的目的。

1. 类比式变式教学

初中数学中涵盖的数学知识大多数概括性比较强，具有抽象性，学生理解比较困难。有些知识不仅本质内涵丰富，还包含了一些易忽略的隐性内容，这时仅靠情境创设和知识讲解很难让学生全面理解数学知识的本质内容。需要教师采用丰富的教学策略来辅助学生学习，而类比变式则是帮助学生理解数学知识含义的一种有效教学策略。

2. 推广变式教学

奥苏伯尔认为，能建立原有知识与新知识之间的合理联系和实质联系才是有意义的学习，能拓展应用数学基础知识和概念是解决数学问题的关键，推广变式就是将数学问题从特殊形式推广到一般形式，进而让学生在更宽泛的范围内考察研究对象或者问题，开拓思路，发挥创造力。

3. 背景变式教学

所谓背景变式，是指教师对某一问题的背景条件进行合理的变换，进而得到一组相关的变式问题，在这个过程中，教师要引导学生对背景条件进行逆向思考和运用，这也是一种培养学生逆向思维的重要方法，逆向思维中更易产生创造性思维，教师应帮助学生克服单向思维形式，培养多角度、多方位、多途径思考问题的习惯，实现对数学公式、法则、定理的逆向变式，即对一公式、法则不但要"正向"应用，即从条件到结论的应用，还必须"逆向"应用，即从结论到条件的应用。久而久之，学生也可自己进行背景条件变式，使学生深入思考问题的本质。

（三）实际问题的变式应用

新课程标准中强调要让学生认识到现实生活中蕴涵着大量与数量和图形有关的问题，这些问题可以抽象成数学问题，用数学的方法予以解决增强学生应用数学的意识。在教学过程中我们过分强调数学的理论性，脱离了实际，使学生感觉数学离他们很远，甚至有学生会问为什么要学习数学，感觉数学枯燥乏味、没有用处。因此，数学知识和解题能力是数学教育的载体，而教育的目的是培养学生善于应用数学的思维方式去思考实际问题，会以数学的角度看待实际问题、解决问题，运用变式教学，选取贴近教材内容和学生生活实际的问题，不断地改变问题的背景、条件、结论等，激发学生研究数学的热情，引导学生将数学思想方法渗透到实际生活中。

第六节　先学后教模式在中学数学课堂教学中的应用

一、先学后教的理论依据

我们倡导在初中数学教学中推广先学后教的教学模式，这是因为这种教学模式的提出是有明确的科学理论依据的。一是先学后教的教学模式可以有效弥补传统初中数学教学中存在的不足。采用这种教学模式，能够有效地激发学生学习的主动性，提高教学效率。二是先学后教的教学模式是符合现代教育学和心理学理论的。在现代教育学和心理学的研究总结中明确提出，学生的学习兴趣与学习效果有着正比关系。只有采用的教学方式能够吸引学生的注意力，才能保证课堂教学效果，而先学后教的教学模式正是吸引学生注意力的一种行之有效的方法。

二、先学后教的基本特性

（一）先学后教之先学的特性

1.超前性

先学即学生的学习在前，教师的教学在后，超前性使教与学的关系发生了根本性的变化，即由"学跟着教走"变为"教为学服务"①。

2.独立性

先学强调的是学生要摆脱对教师的依赖，独立开展阅读、思考乃至作业活动，自行解决问题。教师教学是对学生独立学习的深化、拓展和提升。

3.差异性

从时间上讲，先学要求每个学生按自己的进度和方式进行超前学习；从效果上讲，每个学生由于基础和能力不一样，同样的内容，先学的质量和理解的深浅也不一样，这种差异是课堂开展合作学习的宝贵资源。

---

① 钱守旺编著.打造动感课堂的66个细节[M].福州：福建教育出版社，2018.

（二）先学后教之后教的特性

1. 针对性

后教区别于传统课堂教学的第一个显著特征就是针对性，即必须根据学生先学中提出的问题进行教学。针对性是有效教学的法宝，只有有针对性的教学才能实现由教向学的转化，最终达到教师少教、学生多学，实现并完成"教是为了不教"。

2. 参与性

先学为学生的参与提供了基础。通过先学，学生带着自己的问题、困惑、思考、想法、见解和意见进入课堂，课堂成了学生求知和展示、互动和评论的舞台。在这样的舞台上，学生不仅参与了学也参与了教，师生互教互学，这是使课堂具有内在动力和充满生命活力的有效机制。

3. 发展性

先学后教的课堂具有使每个学生都得到发展的功能。其一，先学立足解决现有发展区的问题，"后教"旨在解决最近发展区问题。苏联著名心理学家维果茨基就教学与发展的问题，创造性地提出了两种发展水平的思想：第一种水平是现有发展水平（也称现有发展区），由已经完成的发展秩序的结果而形成，表现为儿童能够独立地完成任务；第二种水平是最近发展水平（也称最近发展区），表现为儿童还不能独立地完成任务，但在成人的帮助下、在集体活动中，通过模仿能够完成这些任务。教学与其说是依靠已经成熟的机能，不如说是依靠那些正在成熟中的机能，推动自身发展前进的。据此，他强调，只有当教学走在发展前面的时候，才是好的教学。其二，先学后教的课堂为教师关注每个学生提供了空间和时间、机会和平台，从而保证每个学生都在课堂上学有所得。

三、先学后教教学模式的操作细节

此教学法的基本操作模式一般可分为板书题示标、出示自学提纲、自学、展示、反馈总结等 5 个环节。其中前 2 个环节为辅助环节（约 3 分钟），后 3 个环节为主要环节（约 37 分钟），下面介绍各个环节的一般操作要领。

（一）板书题示标

第一，三言两语引入，板书课题，或直接板书课题。

第二，出示学习目标，让学生明确本节课的学习任务，激发学生学习的兴趣，调动学生学习的积极性，使学生能主动地围绕目标进行探究性学习。

操作要领：

1. 揭示目标的方式：高年级可用投影或课件出示，低年级可为教师口述，确保每个学生听得懂。

2. 揭示的学习目标主要是理解知识、培养能力方面的，至于情感、态度、价值观等方面的目标应由教师把握，一般不作为向学生揭示学习目标的内容。

3. 要从实际出发，准确地揭示学习目标，在广度和深度上与教材和课程标准的要求保持一致。既不降低，也不拔高，该"会运用"的，就要求能当堂运用，形成能力，不能人为地降低到"知道"的要求上；目标不能偏或错。

4. 学习目标要具体，不要抽象，要简明扼要，不宜内容太多，一般一节课出示一个学习目标，要通俗易懂，让学生一目了然。

5. 揭示目标的时间要适当，要让学生能够看清弄懂，不要急于切换投影。

6. 揭示目标时，教师要讲究艺术效果，注意情感投入，引导学生明确要求。

（二）出示自学提纲

揭示目标后，教师出示自学提纲指导学生自学，出示自学提纲的方式：一般用屏幕出示，对于低年级教师可以读给学生听。自学提纲一定要具体，让学生明确4方面的内容：自学的内容、自学的方法、自学的时间、自学的要求（即自学后如何检测）。以提高自学效率。

操作要领：

1. 自学内容。一般教材中有不少是旧知识，新知识不多。因此，自学的内容应引导学生看新知识的部分，新旧知识衔接的地方重点看。例如，学习列方程解应用题时，引导学生看例题中列方程部分，对解方程部分不要求看，因为解方程的方法已学过。如果教材内容单一，一般为一次性自学；如果教材内容多，可分几次自学，但每次自学前都必须讲清楚自学的内容（或范围）。

2. 自学的方法。例如，看书，是边看书边操作，还是独立地看书。一般先要让学生独立看书、思考，不宜边看边讨论。

3. 自学的时间。时间不宜过长，要让学生紧张、快节奏完成自学任务而不拖拖拉拉；又不能时间过短，让学生有认真看书、思考的时间，切不可走过场。因为，看书是练习、更正、讨论、当堂完成作业的前提，一定要讲究实效。低年级，看书时间要短些，因为低年级教材内容少、学生注意力持久性不强，高年级学生看书的时间可以长一些。

4. 自学的要求。告诉学生如何检测，这样使自学变成了检测前的准备。

5. 教师要流露出关心、信任学生的态度。注意使用鼓励性的语言，使学生愉快地自学，但语言要简洁。

（三）自学

"自学"不是指让学生泛泛地、单纯地看书，而是在教师简明扼要地出示学习目标和自学提纲后，学生能够明确学习目标，有正确的自学方法，带着思考在规定的时间内自学相关的内容。自学形式多种多样，可以是看例题、读课文、看注释、做实验，发现疑难作记号。

"自学"这个环节主要是指学生看书。"看书"是指在"揭示目标"、出示"自学提纲"两个辅助性环节后，学生按照自学提纲认真地阅读课本、思考或动手操作，并准备参加展示。

操作要领：

1. 学生看书时，教师不宜多动，不能在黑板上写字，不能走出教室，不能东张西望，要营造思考的氛围，教师对认真学的同学露出满意的神情，对不够专心的学生，可以说上一两句悄悄话，给他们指南，促使其认真自学，但教师的话不宜多，以免分散学生的注意力。

2. 看书的时间也可以变动，如内容多学生没看完，时间可延长些；如学生全部看完了，可提前结束。

3. 低年级学生的自学，教师可以边朗读自学提纲，边引导学生认真看书。读到需要思考的地方，教师要给学生留出充分思考的时间。

（四）展示

展示分为两个方面：学生展示和教师展示。学生展示分为两个方面：①检测、提问、动手操作、学生表演等。②小组合作交流（更正、讨论）。教师展示分为"以学定教"和"拓展延伸"两个方面的内容。即展示环节主

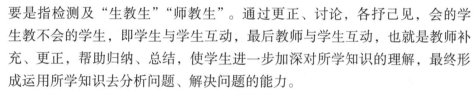

要是指检测及"生教生""师教生"。通过更正、讨论，各抒己见，会的学生教不会的学生，即学生与学生互动，最后教师与学生互动，也就是教师补充、更正，帮助归纳、总结，使学生进一步加深对所学知识的理解，最终形成运用所学知识去分析问题、解决问题的能力。

学生展示：

1. 检测（检查自学的效果）

采用提问、板演、书面练习、动手操作等方法，检查学生自学的效果。
操作要领：

（1）一般以书面练习、提问为主，学科不同检测的方式不同。

（2）尽可能让后进生进行展示，最大限度地暴露自学后所存在的疑难问题。

（3）教师要关注学生有哪些错误，并及时分类：哪些属于新知方面的，这是要解决的主要矛盾；哪些属于旧知遗忘或粗心大意的，这是次要矛盾。把"新知方面的""主要的"梳理、归类，为"以学定教"准备内容，这实际上是在修改课前写好的教案，进行第二次备课。

（4）学生在展示时，教师不宜辅导后进生，因为这既不利于培养后进生独立思考的习惯，也会影响全班学生独立思考的效果。

（5）数学学科中的检测题，一定要与例题相类似，并且要让学生讲出这样做的理由，讲得对说明学会了，否则就只是简单地模仿。

2. 合作交流

合作交流分为小组合作交流和班内合作交流两种形式。小组合作交流。分为两个方面：更正；讨论。

第一，更正。

操作要领：

（1）练习后，组长要问发现错误的请举手，在举手的学生中，要请后进生先更正。后进生更正错了，或者没有改出错误，再依次让掌握水平不同的学生更正，这样有利于促使每个学生都能思考。（2）学生更正时，教师要耐心等待，观察每个小组的情况，不轻易表态。

第二，讨论。

（1）组长要尽可能让所有学生畅所欲言，必要时让大家争论。（2）要一类问题一类问题地讨论，便于归纳，避免重复。（3）在讨论的过程中，如学生说错了，就叫别的同学发言；如学生说对了，组长表示肯定，并做适当的板书。（4）小组内合作交流解决不了的问题，由组长做好整理进行班内合作交流。（5）班内合作交流。交流方法同上。（6）小组内合作交流的内容要全班统一，不宜一个小组交流一个内容。

教师展示主要为两个方面的内容：（1）依据学生合作交流的情况进行重点讲解。（2）对本节课的重难点知识进行拓展延伸。

操作要领：

要做到三个明确。第一，明确讲的内容。讲的内容应该是学生自学后还不能掌握的内容，即自学中暴露出来的主要的疑难问题或练习中的错误。对于学生通过自学已经掌握的知识，可以不讲。第二，明确讲的方式。一般先引导学生更正，尽可能让较多的学生一次又一次地更正，再引导大家讨论，弄懂为什么。同学间可以相互质疑、讨论，最后教师作出评价，予以更正、补充。第三，明确讲的要求。教师不能就题讲题、只找答案，而是要引导学生找出规律，真正让学生知其所以然，并要帮助学生归纳，上升为理论，引导学生预防运用时可能出现的错误，这就是在理论与实践之间架起一座桥梁，以免学生走弯路。

（五）反馈

反馈包含两方面的内容：一是当堂训练，是指在"自学"和"展示"之后当堂完成课堂作业，其目的一是检测每个学生是否当堂达到了学习目标，做到"堂堂清"；二是引导学生通过练习把知识转化为解决实际问题的能力。二是总结学习方法和收获。目的是引导学生学习之后要善于归纳和总结，巩固所学知识、发展思维能力、培养独立意识和良好的学习习惯以及达到作业的"堂堂清""日日清"。

教师可以针对学生的作业反馈回来的信息，了解哪些学生已经达到了教学目标，哪些学生课后还需要单独进行辅导，并针对学生作业中出现的问题，做出相应的处理。

操作要领：

（1）课堂作业的时间不少于15分钟，总结学法和收获的时间不少于1分钟。

（2）练习的内容是完成课本中的练习和习题，让学生运用本节课所学的知识解决实际的问题，要注意练习题要有代表性、适度和适量，确保能在下课之前完成。

（3）课堂作业要低起点，多层次，有必做题、选做题，有时还有思考题。

（4）要注意矫正学生的坐姿，培养他们的综合素质。

（5）练习的形式则是学生像考试那样独立完成，教师不得辅导学生，不干扰学生，学生之间不讨论，确保学生聚精会神地做作业。学生课堂做作业时，如少数学生做得快，已完成了，教师可以先给他批改，还可以让他帮助学习有困难的同学。

以上5个环节是互相联系、相辅相成的。学会"自学""展示"，可以节约时间，让学生真正理解了，有了能力，才能做到"反馈"，有"反馈"才能高效地促使学生自学和展示。

第三章　多媒体技术在数学
课堂教学中的应用

第一节　多媒体技术辅助教学的理论与技术基础

一、多媒体技术辅助教学产生的心理学基础

计算机辅助教学（Computer Aided Instruction，简称 CAI）技术产生的心理学理论基础，既有经验主义的学习理论，又有理性主义的学习理论。在经验主义的学习理论中，与 CAI 的关系最为密切的，当属斯金纳的操作条件反射说及其在教育、教学中的应用"程序教学"。而在理性主义学习理论中，与 CAI 产生的关系最为密切的，首推信息加工学习理论。

（一）斯金纳的程序教学与 CAI

斯金纳在操作条件反射实验的基础上，根据刺激（提问）—反应（回答）—强化（确认）的原理，制定了程序教学。程序教学的三个基本部分：①把教学材料分成一系列并按一定程序排列的小项目，在每个小项目中都提出问题；②学生的回答，回答的形式可以是填空、选择回答或解决一个问题；③立即提供正确答案，答案可以包括在同一程序结构内，也可另提供或见之于教学机器的不同窗口，学生答对了，就可以进行下一个项目的学习。由莫尔在 1969 年发展出的计算机辅助教学（CAI），正是建立在斯金纳的程序教学的学习原理上，程序教学是一种自我教学的技术，它把所有的教学负担都交给教学机器或程序教材去担当。程序化教学是通向自动化和个体化教学的新途径。20 世纪 50 年代初，斯金纳根据操作条件反射和强化理论，发明了程序教学机器，由于教学机器本身存在难以实现快速反应，容量小，不能记忆等缺点，不能实现教学目的。二十世纪七八十年代，由于计算机特别是微型计算机的出现，程序教学的作者利用计算机速度快，容量大的特点来呈现程序教材，进而逐步发展为计算机辅助教学。

（二）信息加工学习理论与 CAI

信息论本来应该是用数理统计方法来研究信息处理和信息传递的科学。从 20 世纪 50 年代开始，信息论开始向各门学科冲击，人们试图用信息这个概念、方法用来解决本学科面临的许多未能解决的问题。其代表人物米勒（GA.Miller）、特雷斯特曼（A.M.Treistmn）、费根鲍姆（E.A.Feigenbaum），

他们受信息论和计算机科学的启发，认为电子计算机的程序和表现的功能与人的认知过程及学习过程之间是可以进行类化的，把人看成是类化计算机式的信息加工系统，他们都试图用信息加工的观点，研究人的认知和学习过程。信息加工学习理论的基本观点认为，学习是信息符号输入、加工编码、存储、提取和应用的过程，是凭借信息在内部的环路循环系统而实现的。当学习的信息加工理论作为一种学习理论在教育界占有一席之地时，人们自然地加强了对计算机在教学中的应用的研究，进而推动了计算机辅助教学的发展进程。

同时，我们也应看到，从事计算机研究的专家，在接受学习的信息加工理论之后，也试图从学习者的角度出发，加强对计算机本身（包括硬件和软件）的研究，尽可能地使计算机的"思维"与学习者的思维协调，以帮助学生学习，这从客观上促进了计算机辅助教学的发展。

（三）选择性注意理论与 CAI

在现代认知心理学中，注意是信息加工理论框架的中心概念。注意是个体受内外动机的驱使，有选择地指向并集中于一定对象或活动的心理现象，认知心理学特别强调选择性注意理论，将注意看作是信息加工的内在机制，其基本作用在于对信息进行选择并调节行为。选择性注意理论是从大量的心理学实验研究中探索、总结出来的有关人脑是如何进行信息加工的内在规律，这个规律对运用多媒体技术进行教学有很强的指导意义，多媒体技术能利用计算机技术，把文本、图形、图像、动画、声音和视频集成处理，使信息变得更生动、更丰富多彩，应用于教学中能取得较高的教学效率。在教学活动中，以选择性注意理论作为指导，科学地选择、组织、控制各种媒体的使用，可以提高学习效率和学习成绩。

二、CAI 产生的教与学基础

与"现代教育"的基本观点在美国的流行有着十分密切的关系，CAI 最初是在美国开展起来的，而现代教育的提倡者，即美国著名的教育家杜威所倡导的现代教育对 CAI 的推广起到了一定的作用，CAI 能在美国产生与"现代教育"思潮在美国的出现是不无关系的，"现代教育"以学生为中心进行活动教学。"现代教育"认为，在科学技术飞速发展的今天，人们开始重视人的智能开发。"在教学中必须以学生为中心，尊重学生的需要，培养有个性的学生，强调学生独立自主地学习，从而形成学生多方面的能力，特别是

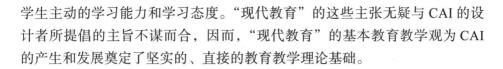

学生主动的学习能力和学习态度。"现代教育"的这些主张无疑与 CAI 的设计者所提倡的主旨不谋而合，因而，"现代教育"的基本教育教学观为 CAI 的产生和发展奠定了坚实的、直接的教育教学理论基础。

三、CAI 产生的技术基础

计算机辅助教学是运用计算机来辅助教师的"教"和学生的"学"[①]，顾名思义，计算机辅助教学是离不开计算机的，如果没有计算机，特别是当今高度智能化计算机的出现，计算机辅助教学也就不可能产生。尤其是近年来，计算机生产技术的进步，存贮成本的降低，使大量的存贮信息成为可能。目前，一方面硬盘的价格大幅度地降低，另一方面 CD-ROM 光盘的大量使用，使得存储容量不再是问题。图形、动画、音像等各种素材得以大量存储和自由调用，为多媒体辅助教学打下了良好的硬件基础。同时，平台软件为 CAI 软件制作提供了方便的工具。由于计算机技术的迅速发展，其功能不断加强，操作却越来越简便和易于掌握，这不但使计算机人员编制 CAI 软件成为现实，而且使 CAI 软件实现了多媒体技术。

第二节　多媒体技术在数学课堂教学中的应用策略

一、多媒体辅助中学数学教学以引起学生的关注为出发点

数学是研究空间形式与数量关系的一门科学，是刻画自然规律和社会规律的科学语言和有效工具。学科所体现的知识结构严谨性与抽象性，可能会令学生望而生畏，慢慢地产生了抵触情绪。一直以来，教育工作者都在想方设法地消除这些不利因素对数学教学的影响，但收效甚微。随着信息技术渗入数学课堂，这一不良现象得到了改善。多媒体辅助数学教学，集文本、图像、声音等于一体，多媒体化、人工智能、虚拟现实等这些新技术都为数学的课堂教学注入了新鲜的"血液"，吸引了众多学生的目光。从生理学的角度来看，"人类接受信息的途径是多种多样的，可以通过眼睛接收光信息，鼻子接收气味，耳朵接收声音，嘴巴尝味道以及通过触摸感知形状等。而对脑细胞刺激最大的是多种感官的共同接收。当多种不同媒体的信息共同作用

---

① 韩朝泉，邱炯亮，聂雪莲 . 数学教学与模式创新 [M]. 北京：九州出版社，2018.

时，那种影响往往是最深刻的"①。在这种强烈的刺激下，学生的注意力被集中过来了，并进而关注课堂的教学。"关注是最好的老师"，能引起学生的关注，我们的数学教育便有了成功的第一步。不少学生感觉数学内容过于严肃、枯燥，学习起来平淡无味。在数学教学活动中，在展示问题时，借助多媒体技术中图形的平移、伸缩变换、文字闪烁、同步解说、色彩变化等手段表达数学内容，如把重点、难点的内容设置成醒目的颜色，或让"固定的"几何图形运动起来，提供丰富的感知信息，可以刺激学生的视觉和听觉，激起他们的学习兴趣。如利用《几何画板》将几何体的切割、移动、重叠、翻转等形象生动地展示给学生，并辅之以必要的解说，帮助学生形成立体空间感。

二、多媒体辅助中学数学教学要发挥学生的主体作用

借助信息技术，让学生充分参与创造性的教学过程，以培养其独立思考、积极探索的能力，发展其创新意识，体现了以人为本的教学理念。以往那种只重视到公理、定义等的灌输，忽视了知识体系结构的形成过程的教学，无法适应现代教育的要求。如何才能更充分发挥学生的主体作用，是目前教育工作者必须要思考的一个问题。

通过多种信息技术使用，为力求充分体现学生主体作用的课题实验教学提供了多种途径；利用计算器和几何画板进行数学实验，让学生自主发现数学规律；借助计算机的多媒体功能，让学生感受数学之美；通过计算机多媒体通信，甚至可以让学生进行远程交流和测验。

教的是为了不教，即所谓"授之以渔"，让学生成为独立自主的学习者。中学数学课程应力求通过各种不同形式的自主学习、探究活动，让学生体验数学发现和创造的历程，发展他们的创新意识。

实验探究法就是培养学生自主探索的一种常用方法。实验探究法是指学生在教师的指导下运用多媒体、计算机的工具型软件进行探究性学习以及对学习过程中的一些规律或现象进行实验研究。在这种方法中，具有初级人机交互性的信息处理设备是学生对话的对象，学生通过机器展现自己的思维能力，教师通过机器的运行再现学生的思维过程，从而进行评价。很多工具型软件如"Z+Z智能教育平台""几何画板""TI图形计算器"都可以为这

---

① 阳靖然，董磊.信息技术环境下数学教学的几点看法[DB/OL].人民教育出版网，2005-03-01.

种教学和学习提供很好的支持。例如，几何画板就给学生自我动手、探索问题提供了一个很好的平台。当面对问题时，学生可以通过几何画板进行思考与协作，提出自己的假设，然后用几何画板进行验证。此外，学生还可以使用几何画板自己做实验来发现一些规律和现象。实验探究法的特征是教学方式、学习方式发生了变化，特别是学习方式，多媒体呈现的信息转变为自己动手操作、探究学习，并且在教学过程中学生进行合作学习，有利于培养学生的探究能力和动手操作能力。

三、多媒体辅助数学教学要突出教师的引导作用

教师不仅是知识的传播者，而且也是学生学习引导者、组织者与合作者"，课堂上学生如何进行学习，教师的一言一行都有着举足轻重的作用。相对于常规的数学课堂，在信息技术环境下，教学的模式因而有了更多的选择，从而学生的学习方式也随之多样，最终导致课堂的教学容量更大了，学生的知识面更广了，对知识的理解与应用能力也更强了。这些对于我们的教育来说是件好事。然而事物都具有两面性，信息技术的渗入，自然也为学习带来了一些不利的因素。例如：通过计算机多媒体，学生可以浏览大量有用的知识，但如果太过于沉迷多媒体，那就反而不利于学习了。由此可见，教师的引导地位是无可替代的，而特别是在信息技术环境下，教师的引导作用有了进一步的要求。

（一）更新教师的教学观念

教育的改革，首先要从思想入手，即必须更新教育工作者的观念。以往"以学科为本，以教师为中心"的教学观念，要转变为"以人为本，以学生为主体"的新理念上来。

到目前为止，信息技术共经历了四次重大发展历程：语言的产生，人类的信息能力有了一个质的飞跃；文字的使用，人类的信息首次超越了时空的局限；造纸术与印刷术的发明，进一步扩大了信息交流的范围；电报、电话、电视及其他通信技术的应用，进一步突破时空的限制，使信息传递的效率与手段再一次发生了质的飞跃。电子计算机和现代通信技术的应用，由于计算机与现代通信技术的有效结合，促使信息的处理速度、传递速度得到了惊人的提高，人类处理信息、利用信息的能力得到了空前的发展，这是人类

社会信息传播和处理手段的又一次革命①。可见，信息技术的每一次变革都对人类社会的发展产生巨大的推动力。把信息技术融入课堂教学，势必为教育事业的蓬勃发展带来强大的动力，进而产生积极而深远的影响。作为教育第一线的教师，要坚持这一信念，与时俱进，合理地把信息技术应用到课堂教学上，更新教学理念，鼓励学生运用计算机等技术工具积极自主地学习、探索与研究，实现学科课程内容与信息技术的有机整合。

（二）改善教师的教学方式

教师要掌握现代信息技术。合理地运用现代信息技术，并使之为教学服务，教师必须熟练掌握信息技术这一先进教学手段。利用 TI 图形计算器或几何画板，教师、学生均可动手进行数学实验，探索数学真理，让学生自主搜索知识，并形成自己的看法；亦可进行多媒体测验，让教师及时掌握学生当前的学习情况，为下一步教学工作提供依据；又或者利用计算机虚拟现实，辅助学生理解空间结构等。毫无疑问，信息技术是一种高效快捷的教学手段，使平淡的数学课堂充满了生机。然而"学生要有一杯水，教师需有一桶水"，要想在数学教学上灵活使用信息技术，体现教学引导地位的教师必须勤下苦功，学习新的知识技能，提高自身的信息技术水平。与此同时，扎实本学科业务与扩大知识面的学习也不能松懈，教育工作者可谓任重而道远。熟练掌握了信息技术后，运用起来就显得游刃有余了。那么如何才能有效进提升教师的信息技术水平呢？第一，学校首先为教师配备了多媒体电脑，在硬件上给老师们创造使用信息技术的条件；第二，以老师的观念转变为突破口，强化数学课程与信息技术整合的重要性和紧迫性。先由学校的计算机老师开办了各类信息技术培训班，然后邀请校外专家能手到校做信息技术方面的讲座，对数学老师进行信息技术使用方面的培训和指导，并鼓励教师参加教师信息技术培训与考试。再就是网上下载一些有关信息技术教学方面的资料，让老师进行学习与讨论，互相提高使用信息技术的水平；第三，通过有关数学课程与信息技术整合课件的演示，让老师直接感受数学课程与信息技术整合的必要性，亲身体会课件的便捷和优秀的教学辅助效果，从而激发老师学习的热情。

---

① 李运林，徐福荫. 教学媒体的理论与实践 [M]. 北京：北京师范大学出版社，2005.

四、多媒体辅助中学数学教学要改变学生的学习方式

（一）开展学生小组合作学习

通过课后的资源共享、网上交流，将信息技术应用在促进师生、生生之间的交流与合作上。现代教育理论十分强调合作学习，而合作学习有多种方法，有交流、有讨论、有辩论、有角色扮演等。在多媒体辅助数学教学的研究和探索中，我们十分注重利用信息技术的优势，创设不受时空限制的资源共享、快速灵活的信息获取、丰富多样的交互方式、打破地域界限的交流协作的环境。例如，把要交流和讨论的问题提前交给学生，先由同学们上网搜集资料，探索，然后组内交流、研讨，形成统一的意见，由小组推选代表，做成电子稿，在班上交流。建立班级交流群，把交流和讨论延伸到课外，实验班的同学，能主动把自己的意见、独到见解或好的解题方法、遇到的问题，以电子邮件发给其他同学和老师或挂在网站的论坛上，与他人交流和分享。在教学中贯穿未来教育理念，尝试驱动型小组分工合作的教学模式，将信息技术应用到教学的每个环节之中。然而，在信息技术环境下，小组合作学习方式的数学教学，却含有特别的教育意义。多媒体互动法是教师与学生在多媒体环境下所进行的互动教学，由教师将教学要求、教学内容以及教学评测等教学材料或者是一个专题研究材料通过多媒体的方式呈现给学生，学生通过多媒体查找相关的信息，对所获得的信息进行加工、分析、处理，并经过自主探索或与伙伴之间的合作交流，使问题得以解决。

（二）强化学生无意中学习

利用学生爱玩这一特点，教师给学生以适当的引导，让学生从玩中学到有用的知识，这种学习方式无疑是学生最愿意接受的。

现代信息技术的强大功能，并不仅仅注重实用性与功效性，而且对于欣赏性与趣味性同样也不忽略。各种多媒体教学软件，兼备了可观性与知识性，为枯燥乏味的课堂教学带来了活力，美观的界面与引人入胜的故事下却包含着丰富的科学文化知识，让学生在不知不觉、无意中学到了知识技能。学生在玩乐中无意地发现自己感兴趣的问题，这种问题往往是学生最乐于花时间去思考的，因势利导，在教师适当的指引下，学生在自己解决了问题的同时，也获得了科学知识，学生的理解与记忆都将是相当深刻的。同时，一种成功的喜悦感就自然而然地产生，学生的自信心与兴趣都得到了加强。随

着信息技术的大量渗入，这种学习方式占学生获取知识方式的比例将会越来越大。

第四章 数学课堂教学中
思维与能力的培养

第一节　创造性思维能力的培养

一、数学创造性思维概述

数学创造性思维不同于一般的逻辑思维和非逻辑思维，对于什么是数学创造性思维，众说纷纭。从数学创造性思维的来源来看，是来自对整个数学问题情境内在各种关系的领会和关键问题的突破发现；从数学创造性思维的发生过程来看，是个体旧的、数学知识结构的改变而达到新观念、新结构的形成过程；从数学创造性思维的结果看，可有三项评价标准：其一，数学成果是第一次出现，具有新颖的形式或意义；其二，成果具有社会实用价值；其三，对原来模糊不清的某一种数学问题重新组织提出新的设想或找出圆满的解决方法。三项标准具备其中一项即可。按某种规律对构成数学问题的各组成部分，各要素一步步深入推导，而得出内在联系与问题解答。它逻辑性强、严谨且有理有据，但是常常会遇到许多难以逾越的障碍。与之相对的非逻辑思维，一般无须对所面临的数学问题作分析，而是依靠直觉、灵感洞察到问题本质，然后进行思维。它能迅速深入实质，但是误差常常难以避免。数学创造性思维是逻辑思维与非逻辑思想的综合，往往先通过直觉灵感抓住问题要害，迅速找出解决问题的突破口，再通过分析、综合等作出严格证明或解答。数学创造性思维由于发挥了个体与整体工作特性和潜意识活动能力，利用直觉、灵感等非逻辑思维的作用，采用最优化的数学方法与思路不拘泥于原有理论与具体内容细节，而完整地把握了面临问题有关知识点之间的联系，实现了认识的飞跃。

在数学的创造性思维中，它要求把已知的数学知识、数学方法、数学理论进行独特的发展，从而体现出数学的创造力。数学教育中强调创造性思维，是要把传统的教授知识的方式与培养非智力因素提升到一个新的水平，即在数学的学习中提倡主动探索，培养创造性思维。

数学的发展离不开创造性思维。有些对数学发展作出重大贡献的数学家不仅自己独具创造力，而且还把自己的创造性思维的过程传给后人。数学家欧拉是一个多产的数学创造者，在微积分、微分方程、函数理论、变分法、无穷级数、微分几何以及数论等领域都作出了杰出的贡献。欧拉认为："如果单是作出了科学宝库增加财富的发现，而不能坦诚阐述那些引导他作出发现的思想，那么他就没有给科学作出足够的工作。"实际上，数学的知识、理论、方法是可以从图书馆查到的，一个人可以忘记他以前学过的数学理论，但是那种引导人们创新的数学发现思维过程以及个人体验却是永远引导人们向前的力量。

二、数学创造性思维的特征

数学创造性思维是逻辑思维与非逻辑思维的综合，又是数学中发散思维与收敛思维的辩证统一。

第一，独创性。思维不受传统习惯和先例的禁锢。在学习过程中对所学定律、公式、法则、解题思路、解题方法、解题策略等提出自己的观点、想法，提出科学的怀疑。

第二，求异性。思维标新立异，在学习过程中，不满足于一种求解方法，谋求一题多解。

第三，联想性。面临某一种情境时，思维可向纵深方向发展由此及彼、由表及里、举一反三、融会贯通。

第四，灵活性。思维突破"定向""系统""规范""模式"的束缚，遇到具体问题灵活多变，活学活用。

第五，综合性。思维调节局部与整体、直接与间接、简易与复杂的关系，在诸多信息中进行概括、整理，把抽象内容具体化，繁杂内容简单化，从中提炼出较系统的经验，以理解和熟练掌握所学定律、公式、法则及有关解题方法。

三、中学数学中主要的创造性数学思维

（一）归纳思维

归纳思维是根据一类事物的部分对象具有某一属性，猜测该类事物都具有这一属性的思维方式[1]，这是一类从特殊到一般、由个性来认识共性的思维方式，也就是指从具体的例子中找出本质的东西，概括出普遍性或一般性的结论[2]。

数学中许多定义、公理都是通过归纳得出的。一些定理、公式、法则的

---

[1]　钱佩玲.中学数学思想方法 [M].北京：北京师范大学出版社，2010.

[2]　余致甫.数学教育学概论 [M].上海：华东化工学院出版社，1990.

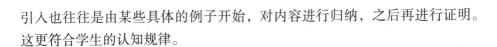

引入也往往是由某些具体的例子开始，对内容进行归纳，之后再进行证明。这更符合学生的认知规律。

（二）类比思维

类比思维是根据两个对象或两类事物的部分属性相同或相似，猜测另一些属性也可能相同或相似的思维方式，这是由特殊到特殊的思维方式，它凭借事物间的相似性，通过比较将熟悉对象的某一属性迁移到新对象上去。

数学中如概念、法则、性质、公式、形式、解题方法都可以类比。再比如数与形，平面与空间问题，有限数量关系与无限数量关系，等等。因此，教学过程中应重视类比教学，由已知的知识类比得出未知的知识，不但更易接受、理解，还能发展学生的创造力。

（三）逆向思维

逆向思维是指与常规思维方向相反的一种思维形式，即通常所说的"倒着想"或"反过来想一想"，这是一种创造性的思维方式，在应用中往往能够突破常规的束缚，产生出奇制胜的效果。

当我们正面解题遇到困难时，考虑从相反的方向、思路去思考问题，可能会产生新思路、新方法，也就是所谓的"正难则反"，从而拓宽思路，将知识灵活运用。

（四）求异思维

求异思维也叫辐射思维，指在解决问题的思考中，不局限于已知线索或现存的方式、方法，而是从已有条件出发，多角度、多层次、多方向地考虑问题，得出多种不同的解决方法，探索多种不同的结果，体现了思维的广阔性和灵活性。

有学者指出："数学中的新思想、新概念和新方法往往源于求异思维。"。可见求异思维在数学创造中的重要性。因此，教学中要适时引导学生进行全面性分析，拓展他们的思路，发展创造性思维。

四、数学课堂教学中创造性思维能力的培养

(一)合理导入，引发学生思考

一堂优质数学课应当是从吸引学生注意力，引导学生进行创造性思考开始的。课堂导入，即教师在进入新课题时，通过简洁的语言以及恰当的动作，让学生迅速成为课堂教学主体的过程。它为整节课中的师生关系奠定了基调，学生主体与教师主导地位的实现在这里拉开序幕。它包括知识的导入和思维活动的导入，是不可或缺的教学环节，也是重要的教学手段。课堂导入重在利用多种资源，创设学习情境，激发学生的学习动机，将学生学习状况化被动为主动，促进学生进行积极的思维活动，进行独立思考。导入的方法多种多样，数学中的概念、定理、公式、法则等引出方式，各有不同。要结合不同知识的特点，采用不同的导入方法。

以类比导入法导入两个三角形相似的概念为例。在学习三角形相似时，教师简单回顾两个三角形全等的判定方法以及判定三角形相似的方法后让同学们猜测：全等三角形与相似三角形有怎样的关系？接着提出问题：由三角形全等的判定方法，我们会想如果一个三角形的三条边与另一个三角形的三条边对应成比例，那么能否判定这两个三角形相似呢？然后带领学生画图探究，最后进行归纳。根据复习全等三角形的判定方法，将学生的思路引入几何中，培养学生的求知欲。接着通过类比思想的运用，激发学习新知识的动机，使得学生成为主动的探索者。教师以问题为中心组织课堂教学，利用知识的正迁移，将一种数学知识类比到另一种数学知识。在巩固旧知识的同时，锻炼学生的归纳推理能力，发挥学生思维定式的正迁移作用。结合学生的数学思维定式复习旧知，启发联想，探索新知，培养学生的数学逻辑思维，构造学生数学知识体系。这样做既符合认知心理学的规律，又能引发学生进行创造性的思考。

(二)深度学习，培养学生发散性思维

学生认知结构是实现数学创造的必备条件，它的构建程度决定着学生实现数学创造之路的深度与宽度。那么，如何促进学生将知识学清、学透、学完整则成为我们的研究重点，也就是我们需要帮助学生深化学习的目标，实现深度学习。深度学习以及浅层学习的概念由荣格于1976年提出，随后，不少的学者在此基础上进行了完善。郭元祥教授提出"深度知识学习过程不

是一个线性的知识训练过程，而是一个复杂的生成过程 [①]。深度学习是一个相对于浅层学习而言的，它意味着学习者的学习不仅仅是表面的知识点的学习，更多的是由学习者自身建立自身思维与外部学习之间的联系。这个过程需要学习者将碎片化的知识内化为自身思维体系中的一部分。这个过程是对数学思维的概括性与逻辑性的一大考验，是帮助学生发展数学创造性思维的一块跳板。

我们把关注点切回教师身上，此时的深度学习对应着深度教学。在实施深度教学的课堂中，学生的发展是课堂的中心，具体的教学内容注重学生的思考广度与思考深度。学生能想到哪些角度？他们的思考可以进行到哪种程度？这些需要教师做好引导工作，激发学生的数学发散性思维。此处有两个建议：一是借助数学知识间的联系，调动学生的发散性思维，对数学知识进行"变式"。加强学生数学知识体系的架构，同时训练学生思维的变通性与流畅性。二是上好习题课，对学生进行"一题多变"与"一题多解"的解题训练，通过培养学生的发散性思维与聚合思维，培养学生数学创造性思维。此处主要讲第一点，即促进数学知识学习的正迁移，注重数学知识变式训练，形成新旧知识对比，并进行适当拓展。

（三）增强思维专题训练，发展数学创造性思维

实践是最好的老师，学以致用是帮助学生掌握知识的有效途径。学会猜想是打开思路解决问题的重要步骤，从之前的研究中可以看出，数学思维定式发挥积极作用的同时，也带来一部分消极影响。在此基础上，鼓励学生打破思维定式，拓宽思路是培养学生创新意识的关键步骤。本人将其分为两个层次，第一层次是利用思维定式，培养学生在解题方法上的"正迁移"。第二层次是充分运用好例题，跳出原有的解题模式，鼓励学生进行观察、探索、猜想和证明，激发学生创造力，鼓励学生探索解决问题的新方法。

第一层次较好实现，多是运用类比的方法，鼓励学生独立思考，实现"多题一解"。我们在接触新知识时常常是先做一道典型的例题，学会某种解题方法以后，迅速掌握该题目，大大增加了我们的解题效率。第二层次则是运用促进学生进行"一题多解"及"一题多变"的训练。

---

① 郭元祥 . 课堂教学改革的基础与方向——兼论深度教学 [J]. 教育研究与实验,2015(06):
1-6.

（四）由概念图到思维导图，深化思维的创造性

学习数学基础知识的过程不应只有记忆所学内容，更需要将独立思考与"记忆"相结合，绘制富有个人特色的数学知识体系，发展学习者的数学创造性思维能力。

在坚持结合教材，坚持以学生为本的原则上，实现教学目标并培养学生的创新性。同时，我们也需要关注如何才能在帮助学生完善自身数学认知结构的同时，促进学生主体与教师主导地位的实现。为了实现教学效果，我们经常会采用画概念图的形式，完善学生的知识体系。我们将所学过的概念列在图上，接着寻找概念之间的联系。在这张图中，概念与概念之间既可以是从属关系，也可以是并列关系，形成一张网状图。通过这样的总结，帮助学习者建构数学知识网络。

为了能在知识总结中促进学生的思考，我们可以采用建立思维导图的形式。思维导图是作为一种思维工具被提出的，它是从一个关键词出发，对其加以联想与创造以后，得到的一张以关键词为焦点，向四面八方分散的树状图。与关键词关联越大的词越靠近中央，不同的思路产生不一样的分支，捕捉那些在脑中一闪而过的想法。绘制过程根据绘制者的思维过程进行，借助不同颜色的文字和图形，绘制分支，展示其思考过程。训练过程不仅考验绘制者的专注度与记忆力，更是促进了绘制者的联想力和创造力。这个过程，既需要思维的发散，又需要思维的收敛。

当然，不是所有的内容都适合进行思维导图的训练。我们一般将其用于数学复习与解题训练中。在这个过程里，教师要做好引导者的工作，对学生提出任务要求，引导学生完成任务，及时给予评价。我将学生思维导图创作过程设为四个阶段。以整式的复习课为例，第一，教师提供主题。明确给出本节课的关键词是整式。提起整式，同学们会联想到哪些知识呢？比如整式是由单项式与多项式组成的，那么由整式这个关键词就可以发散出单项式与多项式。同学们根据这样的联想方式，画一幅树状图。第二，给同学们五分钟时间画思维导图，确保每个同学都参与。期间教师，监督同学们独立完成，同时也可以为同学们提供必要的帮助。第三，促进学生的交流与合作。将同学们进行分组，五至六人一组，进行交流与汇总，用十分钟时间总结出一张思维导图。第四，结果展示与讨论。将几组成果进行展示，教师进行评价。整个过程，先是鼓励学生独立思考，画出自己的数学知识结构。接着进行小组间的合作交流，一个人的力量是有限的，在与别人的讨论中，不仅仅

是分析别人的思路，也在不断修正自己的知识结构，完善自身知识体系。同时，也在对自己进行反思，培养其批判性思维。除此之外，借助数学活动，还可以加强学生的合作交流能力，形成良好的学习氛围。

第二节　抽象思维能力的培养

一、抽象思维的概念

抽象思维在数学的证明过程中发挥着重要的作用。抽象来自于具体，要想理解抽象的数学证明。就需要人们的头脑中有关于感性或思维的具体认识。数学抽象思维无论在什么阶段，都是弱抽象与强抽象相互作用。抽象思维的发展有其内在的规律性，人们应遵循它的规律来进行学习。

抽象思维在数学推广中起着很大的作用。在数学发展史中，抽象与推广这两个词的使用是相互交替的。教师要注重培养学生的抽象思维，才可以更好地实现数学知识的传授，帮助学生更加轻松地学习数学。抽象思维不仅涉及数学对象的创造，还影响着数学方法的使用。这里讲到的数学方法，是指对数学对象的处理方法，包括数学分析、证明和推广等。

分析方法，是通过分析抓住问题的本质，把问题转化为形式，达到化简为易、化繁为简的目的。如果遇到更为复杂的问题，还需要把已经转换后的问题进行分解，然后再把分解后的每个部分的问题进行解决，以此来达到解决问题的目的。在数学的分析过程中使用抽象思维，可以帮助学生快速抓住问题的本质，让学生顺利找到问题的答案。

二、数学抽象思维能力的一般规律

抽象思维的一般规律大致包含两个方面的内容：1.数学研究中的抽象思维是如何进行的；2.数学教育中的抽象思维是如何发展的。

关于数学抽象思维的研究，大致可以分为以下四个阶段。

第一阶段，是对数学抽象的相关问题进行的研究。数学抽象一般是从数学认识活动最初接触的表象开始的，这并不代表所有的表象都能成为数学抽象的研究对象。人们会对一些在数学研究与应用中出现频率较高的、预示着某种规律性的现象进行深入地探讨，并进行自觉的抽象思维活动。最初的数学表象大多是在生产活动中产生的，如几何图形的表象是在土地测量、制作陶器等实践活动中得到的，数字源于贸易和计时等活动。一般情况下，数学工作者的任务就是要从特殊表象中发现一般。

第二阶段，主要是对各种具体数学属性进行分析，逐步去掉非本质属性，只保留能表明本质属性的数量关系。对于一些新发现的数量关系，还需要有新的符号加以表示，从本质上说，这是一个创新的过程。

第三阶段，对于已经了解其结构的数学事实，需要根据它和其他的数学理论的关系确定其本质属性或特征。新的数学概念总是在原有的数学体系上形成和发展的，连接新旧知识是需要牢固的逻辑推理能力的。为一个数学概念下定义的难度，要远远大于使用它。这是因为，定义反应的不仅是运算规则的本身，还包括概念之间的内在联系，这需要数学发展到一定程度才能够确定下来。

第四阶段，当一个数学概念基本被确定下来之后，需要有一个长期的过程对其进行精炼。一方面，需要不断提炼和深化概念的内涵；另一方面，要不断扩张概念的外延。

在数学教学中，教师讲述抽象概念总是从一些典型、具体的问题出发，这符合数学概念发生的自然历史过程。教师要让学生记住这些抽象的数学概念，就要用一些比较典型的例子来协助教学，如果只是单纯地对抽象概念进行记忆，就会觉得这些数学概念是很空洞的，没有实质的内容。如果在教学中加入一些经典的实例，就会让学生全面理解这些概念，对于运用这些抽象概念很有帮助。从这个层面上来说，实例其实是人们理解和运用抽象概念的基础，但是这个基础具有局限性，如果想要真正理解和运用抽象概念，就要摆脱实例的局限性。

学生为了更好地学习数学概念，在根据实例对数学概念进行学习与理解时，还应注意克服实例带来的负面影响。学生需要对抽象概念的内涵和外延有充分地了解，抓住这个概念的本质，并且要对它在不同实例中的不同运用与证明有一定的了解。然后，要把考查对象从原有问题的复杂联系中分离出来，直接对概念的定义进行单独地研究与分析，要擅长"换个角度看问题"。

数学概念的定义随着数学体系的发展，也会产生变化，这是符合数学发展的客观规律的。对于一些在不同体系中名称相似或相近的概念，要注意它们的不同定义，学生要特别注意这一点，因为只有注意到这一点，才可以更好地理解和掌握抽象概念。

综上所述，数学教育中抽象思维能力发展的局限性，主要来自具体而又不为具体所限的这个方面。初中数学教师应该根据数学理论体系的抽象层次和结构，帮助学生构造抽象思维的思想基础，让学生自觉实现抽象和具体的转化，达到训练学生抽象思维能力的目的，提高学生的数学能力，让学生在数学中取得高分的同时，享受到学习数学的乐趣。

三、数学教学中抽象思维能力的培养策略

（一）抽象概念形象化

从初中开始，代数部分的学习就开始涉及几何概念。在几何知识结构中，第一个概念就是平面，如教室，黑板等。教师可以利用这些身边的事物原型，把抽象的数学概念形象化，让学生可以进行观察，然后就观察到的实物与抽象的数学概念进行联系，把抽象物形象化之后，再根据具体的实物对其进行抽象地概括。把抽象的数学模型变为现实生活中直接存在的具体事物，帮助学生缩小思维的跨度，理解这些抽象的数学知识。

（二）抽象结论具体化

如果学生没有真正挖掘出已知题目的确切含义，就无法进行解答，思维会受到限制。因此，初中生在进行数学习题训练时，要把题目中已知条件的所有信息进行仔细、反复地推敲[①]，找到这些条件和数据的确切含义，才能够顺利地对问题进行解答。要做到这一点，学生就要增强思维的变通性，并且要不怕困难、迎难而上。教师在进行这种训练时，要注意鼓励学生，让他们克服畏难的心理障碍，增加他们学习的信心，提升数学学习效率。

（三）抽象方法通俗化

要让学生清晰地认识到数学归纳法验证的重要性，使其明白归纳假设是初中数学学习中必不可少的一种学习方法。由熟悉的问题开始反思，可以让学生的思维更加活跃，能够使学生在无意中完成由形象思维到抽象思维的过渡。学生可以通过验算，检查这个结果的正确性及证明过程的正确性。

（四）平淡教学的有机渗透

教师在数学教学过程中，可以把平淡教学渗透到课堂教学中。平淡教

---

① 窦龙江，殷爱梅，梁秀红.初中数学学科能力的培养 [M].青岛：中国海洋大学出版社，2017.

学的学习难度比较小，数学研究对象的抽象度也比较低，基础知识也比较简单。

总而言之，初中生提高自己抽象思维能力最重要的一点，就在于日常学习中教师的引导及自己的训练。学生要进行大量的训练，相信勤能补拙，不要害怕困难。对于抽象思维能力水平比较低的学生，教师要有耐心，帮助他们制订循序渐进的可行性计划，让他们可以对数学抽象思维训练有一定的信心，对数学学习更有兴趣，以此来达到对他们抽象思维能力进行培养和提高的教学目的。对于学生来说，学习难度比较小，可以让学生集中精力训练思维。

第三节　推理论证能力的培养

一、推理论证的内涵

（一）推理

推理是从一个或几个判断得出一个新判断的思维形式。判断可以直接经过观察、试验等得到，有的则需要推理，推理是比判断更高一级的思维形式。推理同概念、判断一样，也是客观现实的反映。"推理由两部分组成，前提和结论。进行推理化推出一个新判断的那些已知的判断，叫作推理的前提；从前提通过推理得到的新的判断，叫作结论。"构成推理的这种判断间的特殊联系，就是前提和结论的关系。数学中常把推断作为命题来运用，所以数学推理是由已知判断推出新命题的思维形式。

（二）推理能力

本书把"推理能力"的概念界定为在数学活动中，借助合情推理了解活动对象，获得数学猜想，并用演绎推理对得到的猜想加以证明。

（三）推理的构成

1.合情推理

合情推理是根据已有的事实和正确的结论包括定义、公理、定理等实验

和实践的结果，以及个人的经验和直觉等推测某些结果的推理过程。

合情推理的前提正确无误，而结论不一定为真，它不能作为数学中严格论证的方法，但具有猜测和发现结论，探索和提供思路的作用，具有创造性，在数学发现、发明中有重要作用，有利于创新意识的培养，对培养学生的创造性思维能力也有着重要的训练价值。合情推理常用的形式有不完全归纳推理、类比推理。

（1）不完全归纳推理。从个别事实中概括出一般原理的推理模式，即从特殊到一般的推理，一般指不完全归纳推理。

不完全归纳推理形式为：

S_1 具有（或不具有）P

S_2 具有（或不具有）P

S_3 具有（或不具有）P

……

S_n 具有（或不具有）P

所以 S 具有（或不具有）P

其中：S_1、S_2、S_3、……S_n 是 S 类的部分对象。

虽然不完全归纳法不能作为严格的数学论证方法，但在探索数学真理的过程中能迅速发现一些客观事物的特征、属性和规律，为我们提供研究方向。

（2）类比推理。类比推理是从特殊到特殊的推理，是根据两对象都具有一些相同或类似的属性，并且其中一个对象还具有另外某一属性，从而推出另一个对象也具有与该属性相同或相类似的性质。

类比推理的形式：

对象 A 具有性质：a_1，a_2，a_3，$\cdots a_n$，M

对象 B 具有性质：a_1'，a_2'，a_3'，$\cdots a_n'$，M'

（a_1 与 a_1'，a_2 与 a_2'，$\cdots$，a_n 与 a_n' 相同或相似）

对象 B：具有性质 M'（M 与 M' 相同或相似）

类比推理是以比较为基础，在对两个对象的某些属性进行比较时，发现它们相同或相似，则可以把其中一个对象具有的另外一些属性转移到另一对象上去。类比推理的客观基础是两个相似事物具有同一性，但任何两个相似事物除了同一性之外，还具有差异性。两个对象在某些属性相同或相似，并不一定得出它们在其他方面也相同或相似的结论。

2. 演绎推理

演绎推理是由一般性的命题推出特殊命题的一种推理模式。也是由一般至特殊的思维方法。

演绎推理的常用形式就是由大前提、小前提推出结论的三段论式推理。三段论式推理的一种格式，可用以下公式表示：

大前提 M 属于 P（M 是 P）

小前提 S 属于 M（S 是 M）

结论 S 属于 P（S 是 P）

三段论的公式中包括三个判断，第一个判断称为大前提，它提供了一个一般原理；第二个判断称为小前提，它指出了一个特殊情况，这两个判断联合起来，揭示了一般原理与特殊情况的内在联系，从而产生了第三个判断——结论。

演绎推理是一种必然推理。演绎推理的前提与结论之间有蕴涵关系，因而，只要前提是真实的，推理的形式是正确的，那么结论必定是真实的。

（四）论证

论证是借助于真实性已经确定的判断，再借助推理来确定另一个判断的真假的思维过程。任何证明都是由论题、论据和论证三个部分组成。真实性需要加以确定的判断称为论题，被引用作为论题真实性的判断称为论据。论证是指通过一系列的推理来证明论题真实性的过程。整个证明是由论题和论据通过论证联系起来的。

二、数学推理能力的表现

第一，通过实验、归纳、类比等获得数学猜想，并进一步寻求证据、给出证明或举出反例。也就是说，学生获得数学结论常常经历合情推理—论证推理的过程。

第二，合乎逻辑地、准确地阐述自己的数学思想和观点。这一点又表现为推理能力的两个层次：思考者能清晰、有条理地表达自己的思考过程，做到言之有理、落笔有据；在此基础上能准确运用数学语言合乎逻辑地、严谨地表达自己的观点。即学生的数学表达经历"内部语言—外部语言—形式化的数学语言"的过程。

具体说来，无论在合情推理或演绎推理的过程中，思考者常在自己的头脑中使用具有高度情境性的语言，要把这种"内部语言"转化为外部语言，需要理清思考过程中每一个判断的理由和依据，使思考过程变得清晰而有条理，从而才能有理有据地进行口头表达和书面表达。当然这时学生可以使用非形式化的自然语言。以此为前提，掌握形式表达的语义内容，并能加以运用，用数学语言合乎逻辑地、准确地、精练地与他人进行交流、讨论及其质疑，达到数学推理表达的更高阶段。

第三，能运用数学概念、思想和方法，辨明数学关系（即一个概念系统中公式、法则、定理、公理间的关系，以及不同概念之间的关系），建构知识体系，进行问题解决。以上我们论述了数学推理能力的外部表现，而具体到学生个体，在数学推理能力的表现上又不尽相同，会有强弱、高低之分。而数学推理能力是一种复合能力，是许多数学能力的综合体，所以我们从数学推理能力的内部结构着手，对学生个体数学推理能力的表现差异进行分析：

（一）对数学材料迅速而正确的概括能力

数学概括能力是数学推理能力的基础。数学概括是一种特殊的概括，它的对象既有现实世界，又有在现实生活中概括出来的数字、符号和图形，即概括基础上的再概括。

数学概括能力包括不同的方面：数学概念和数学规律的概括，显然这种概括是归纳推理的基础；把概括的内容具体化，它在演绎推理中应用到；在概括的基础上再概括，进而把数学知识系统化，这是概括的步步高级层次。一方面，概括能力是推理能力的前提；另一方面，随着推理能力的增强，概括的层次也在提高，反之亦然。

（二）缩短推理过程，用简缩的结构来进行思维的能力

简缩在数学活动中有两方面的意义。一方面，简缩指推理过程程序的缩短，但其运演过程是连续的、合理的，即推理过程的"压缩"。随着学习的深入，基础的提高，熟练度的加深，思维过程便出现简化、省略，并开始寻找捷径。另一方面，简缩表现为思维的跳跃式，即不连贯性，这是更高层次的简缩。它一般是建立在学生有了一定数学能力后，形成了各种联想这一基础之上的。缩短推理能力有利于提高思维效率，直接抓住问题的症结，并可以进行发现创新活动。

（三）对推理方法的转换能力

对推理方法转换能力主要指心理运演的灵活性，其表现形式为善于运用法则、公理、定理和方法，概括、迁移能力强；善于灵活变换思路，能从不同角度、方向、方面运用多种方法去着手解决问题；善于把分析与综合、特殊与一般、具体与抽象有机地联系起来；善于从正向思维转向逆向思维等。

数学推理能力较弱的学生，有很大一部分是由于在推理中总是遵循已使用的规则和思维方式，当遇到新情况、新问题和困难时，缺少应变能力，导致推理进程停滞不前。这样，长此以往会对推理能力的发展造成障碍。

（四）在推理过程中的反省认知能力

推理过程的反省认知能力主要指在推理过程中，学生每进行一次推理都必须反思自己这样推理所要达到的目的以及这样推理的合理性，使推理过程始终处于自己的意识监控之下。

数学推理能力较强的学生往往反省认知能力也较强。其表现为，推理的思路清楚，具体问题具体分析，能及时调节、修改思路；善于发现推理过程中出现的错误并及时纠正；能够抓住解决问题的有用条件，剔除干扰因素；善于对问题的可解性做出正确的估计，推理过程的目的性强等。这样，推理过程的每一步基本在意识的监控之下，提高了推理的效率和结果的正确性，使推理的每一步有根有据。

（五）对推理结果的反思能力

对推理结果进行反思，指对推理结果进行检验和评估。但这还远远不够，更重要的是一方面，分析出推理结果反映出的规律，即从具体的题目中归纳出一般的结论和方法，并能举一反三，灵活运用。另一方面，分析自己在推理过程中思维的优劣，比如，思考还有没有更简捷的思路和更佳的方法，和同学进行交流和比较；回忆自己推理过程中的漏洞和不足，及时弥补。对推理结果的反思有利于优化推理思维结构、提高推理思维水平。

三、培养数学推理论证能力的策略

（一）讲清概念，打好推理论证的基础

建构主义学习理论认为，人的认识主体在一定社会环境下通过自己的经

验，能动地建构起他对客体的认识。学生学习概念、定理的认识过程不是一个被动的接收过程，而是在一定社会环境中主动的构建过程。所以对概念的教学要引导学生从实际出发，了解其产生的背景，条件及应用范围。

由布鲁纳的认知—发现学习理论可知，形成概念、定理的生动探索过程，比数学知识本身的获得更为重要，学习的实质在于发现。所以，教师在讲概念时一定要讲它们的形成及推导过程。

对概念首先要讲清概念的定义，通过具体事例让学生参与概念的形成过程，提高对概念的感性认识。

对每一个概念，要求学生会表述，教师还应引导学生全方位、多角度地理解概念，尤其是概念的变式，突出对象的关键属性及隐蔽的关键要素。其次应讲清概念的内涵，即讲清概念的质的方面。再次是讲清概念的外延，即概念所反映的对象是哪些，即反映了概念量的方面。

（二）做好示范作用，培养学生推理论证的良好习惯

教师在课堂上的一言一行，都对学生有着示范作用，应该利用这种示范作用来培养学生的推理论证能力。为此，教师的语言应该清晰，准确，精练，逻辑性强。教师首先必须认真钻研教材，对教学内容的掌握应正确而熟练，对教材中每句话，每个字都透彻理解，对知识的讲解应由浅入深，由具体到抽象，符合学生的认识规律。课前对语言精心设计，这样教师的语言就会条理清晰，有说服力。板书与逻辑思维密切相关，板书写得好，反映思路明快，板书不好，反映思路混乱，如果对板书不够重视，凌乱无序，会给学生造成逻辑性不强，推理不严密的感觉。对有些典型题或定理的解题、证明题格式等教师一定要认真板书，这样学生在作题时就会按照教师的格式去做。教师对学生的推理论证用语要规范，不能仅限于某些题口头上会说思路，而且还能把整个解题过程规范地写出，条理清楚，推理有据，训练学生养成良好的解题习惯。

（三）创设问题情境，鼓励学生大胆猜想

数学教师在培养学生的推理论证能力时，要多鼓励学生证明之前做出的猜想，猜想是发现新的数学知识的重要来源，在定理的教学中，教师要帮助学生先猜想后证明，鼓励学生大胆探索，发展学生的推理论证能力。例如，在讲直线与平面垂直的判定定理时，可以让学生通过一个探究实验，去发现结论，然后进行合情推理，最后进行演绎推理。

（四）精心组织训练，让学生牢固掌握证明方法与技巧

一题多解，培养学生思维的广阔性。教学中，尤其是解题教学中，主要通过多角度，多方位，多层次地探求解题思路和方法，开阔学生思路，培养思维的广阔性，从而提高推理论证能力。

变式训练，在解题教学中，适当地对原题进行深层地探索，适当改变条件，从而挖掘出更深刻的结论，这样可以培养发散思维，激发学生学习热情，从而提高其推理论证能力。

（五）进行反向练习，提高学生逆向推理论证的能力

逆向思维是根据概念、方法及研究对象的特点，从它相反或否定的方面去思考。常用的逆向思维有逆用定义、逆用公式、执果索因、反面思考、反例否定、反证法等。因为数学中的许多知识是互逆的，如运算与其逆运算，映射与逆映射，性质定理与判定定理等。对学生进行逆向思维训练很重要，因为在数学学习中，由于习惯的原因，学生形成一种思维定式，习惯于公式、定理的正向运用，不善于对它们逆向运用，当遇到公式、定理逆向运用时，不能熟练运用。为让学生摆脱这种思维定式，教学中应加强逆向练习，培养学生思维的灵活性。其实反证法也是一种逆向思维，反证法不仅能证明用直接证法有困难或直接证明不了的命题，而且是培养学生逆向思维的一个重要途径。逆向练习促使学生更扎实，灵活地掌握数学知识，增强应变能力，巧妙使用逆向思维常常使人茅塞顿开。

（六）规范数学语言，训练推理论证的严谨性、条理性

为加强语言表达能力，需要做到以下几方面：

首先，教师的教学用语应清晰、精练、逻辑性强，若教师的语速快，缺乏层次感、逻辑性，不但对推理论证毫无帮助，还能引起学生思维混乱。

其次，加强对学生数学语言的熏陶，平时应多加训练，上课不仅要老师"说"，而且一定要想方设法让学生"说"，创造有利条件，让学生有"说"的机会。在备课时要设计好所提的问题及变式训练题，由易到难，逐步提高，一句一句地让学生跟着说，认真进行每一次推理训练，只要口述准确，书写问题不大。强调口头表达的重要性，用口头语言明确地将思路表达出来，在表达的过程中，存在着对已有思想的概括，只有通过重新概括，使表达具有条理性和逻辑性，把自己所理解的内容准确地叙述出来。

再者，还必须重视文字语言、图形语言、符号语言的互译训练，使推理过程更简练明了。对于证明题，有的学生不知如何下手，有的论证过程叙述不清。叙述清楚，思路也就清晰，培养学生的推理论证能力应对用语进行规范，在作业和口头表达中不应因他们意思已经懂了，只是叙述上不够严格，应当将不够严谨或较为混乱的地方纠正过来。

最后，利用榜样的力量，对于上课回答问题表述准确、清晰、简练的学生给予表扬，让其他同学效仿；对于作业书写规范、整齐的应向全班同学展览。

（七）挖掘论证素材，在教材各个领域中开展推理训练

新课标指出代数、几何、概率统计、微积分初步，这几个领域的课程内容都含有丰富的推理论证的素材。所以教师不能仅仅认为几何是培养推理论证的载体，要充分利用教材中大量的素材训练学生的推理论证能力，在代数中，计算依据一定的规则公式、法则、运算律等，说明计算中有推理。现实世界中的数量关系往往有自身的规律，用代数式、方程、不等式、数量关系的变化趋势，也不乏判断、分析、推理。

（八）及时总结反思，强化学生的反思能力

在数学推理论证过程中，首先，要求学生整理思维过程，确定推理论证的关键，使推理的思维过程精确化、概括化[①]。其次，让学生回顾证题方法技巧，本题蕴涵的数学基本思想方法，通过证题，掌握数学思想方法。再次，引导学生对推理论证本质重新剖析，使推理逐渐深化，思维抽象程度不断提高。另外，引导学生分析推理论证方法的优劣，优化推理论证过程。总之，将有关的智力活动变为思考对象，进行内省、反思，以求得新的、深入的认识或提出疑问作为新的思考起点。

教师在以后的教学中，使学生养成反思的习惯，如，每节课结束前留5分钟让学生反思本节内容，这节内容我哪些地方掌握比较好，还有哪些地方不明白。养成课堂上反思、课后反思、习题后反思、单元小结反思、章节反思等习惯，这样才能把所学的知识纳入良好的认知结构中去，从而优化学生的推理论证能力。

---

① 　汪先锋.高中数学教学中培养学生推理论证能力的研究[J].数理化学习（高三版），2013（11）：54-54.

第四节 操作思维能力的培养

操作是对客观事物或具体对象根据一定的要求表现的某种行为的反应。操作有两种基本形式：一个是动作操作，指肢体做出的动作，对于形式而言，就是动手、动口和动眼；另一个是心理操作，不仅是学生，任何人都存在着心理操作，思考、默练、默记等都是心理动作。学生在学习时，这两种动作是同时进行的。大量实践证明，在数学学习时，由于数学是抽象的产物，必须借助一定的直观或具体才能获得心理操作，否则心理动作就会中断。原因很简单，因为心理动作不能有太大的跳跃性，心理动作的每一步既是清晰的又是瞬时联结的，当心理动作没有了清晰的印记时动作就很难维持了。为了保持心理动作的连续性，一定要借助于外部一个个直观或具体的影响。所以，数学学习必须加强内外动作的匹配和协调。

根据学习操作理论，操作是强调个体心理活动的定向操作结构。这种结构是个体在操作时被经验和活动中的发现所约定的，知识与动作包括技能变得协调起来。这里的动作被认为是思维过程最基本的结构单位，作用于客体的实际动作，已转化为思想方面的动作以及代表这些客体显示的完善的智力动作组成的操作结构。

操作思维是复杂心理活动的一种动作心理，操作思维过程是双重动作在时间上的延续。操作思维是学生学习数学的一种重要思维形式，努力运用一切条件去追求动作效果的可能性就称为操作思维能力。

操作思维能力是由动作效果体现的，为了达到数学活动的目的，往往需要选择某些或某个行为动作，由其内化转为智力动作形成思维语言，再通过心理动作的外化转为直接的数学语言。这种动作效果需要有数学基础知识，更需要有操作方法的支撑。

掌握数学最重要的是要学会数学推理。推理是从一个或几个命题推出一个新命题的思维形式。于是，由一个或几个命题推出一个新的命题就是数学操作中的一个或几个动作。掌握数学也意味着会解决数学问题，数学问题由一个或多个命题组成的。解决问题就是按一定的逻辑要求把一个个动作联结起来，解决问题本质上也是数学推理，是数学操作的一个个具体实践。

在数学中能执行操作的智力动作有比较、分析与综合、归纳与演绎、特殊化与一般化等。

一、比较

比较思维是根据一定的需要和一定的规则把彼此有一定联系的人物、事物、事实或事理加以对照，通过把它们的活动规律与人的思维经验联系起来并加以分析和归纳，找出其相似性、不同点，并由此判断和厘清人物、事物、事实或事理、处理问题的思维方法。

其一，比较具有可选择性。主要体现在可比较的内容上。比较时，人可以根据自己的需要，自主地、有针对性地选择比较的内容，选择好了内容后才能进行分析与总结。由于比较的可选择性，使客观世界变得鲜活起来，从而使人的思维活跃起来。

其二，比较具有广泛性。由于事物的广博性与思维的多方向、多领域性增加了人们对各种事物认识的难度，而比较是思维活动的添加剂，能帮助人们判定思维方向并增强思维的效率。比较无处不在，只要是思维能够涉及的领域，比较就会随之而行。这说明比较又具有多样性，即比较种类的多样性、比较视角的多样性和比较内容的多样性。这样人们可以根据作用、目的的不同，从不同层面、不同方向做出比较，从而提高分析综合水平。但比较思维不是固定不变的，它会随着认识的强化而发生变化，它是一种发展的思维。

其三，比较具有兼容性。比较思维方法能吸收其他的认识方法为其所用。例如，分析和综合在经验性思维水平上的统一就表现在比较中，特殊化与一般化、归纳与演绎等都可以运用到比较思维的分析操作中。比较也是所有抽象和概括的必要条件。可见，兼容性是比较思维方法活力的来源，体现着其顽强的生命力。

（一）要素、结构——功能类比型

根据系统论的知识可知，决定一个系统的功能不仅靠要素，更重要的是结构。要素结构的相似可推出功能结论的相似。另外数学同构理论也告诉我们，两个数学系统如果是同构的，其性质、功能都有很大相似性。

实物归类能够使学生体会到日常生活中的分类现象，使其在自主分类的过程中掌握一定的分类标准与方法，接下来，借助多项式让学生完成分类，在此情形下，学生会将多项式与实物分类展开比较，得出不同的分类方法与结果，教师便可因势利导，引出"合并同类项"的概念及方法。

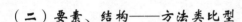

（二）要素、结构——方法类比型

由于类比问题与目标问题构成要素结构相同，可得出具有相同或相似解决方法。对解题而言，它是一种寻求解题思路、猜测问题答案或结论的发现方法。其表现为善于根据问题的特征（结构、属性等），联想某一熟悉的问题，依据它们在某些方面相似或相同之处，去推断解题方法或思路。

转化类比就是将原命题类比到比原命题简单的问题，以便提供解决思路和方法，最终获得原命题的解决方案。

数学教学中比较思维有重要作用：一是有利于凌乱知识的系统化。比较是数学思维的一种形态，比较可以将诸多数学概念或知识的共同本质划分出来，再借助知识的外延分析它们之间的联系，最后在应用中明确各自的功能，从而掌握这类知识的体系。从理论上讲，世界上完全没有联系的事物恐怕是很难找到的，凌乱的知识只是因为它们之间在形式上很少有共同性、类似性、对称性和规则性。另外，所谓零乱，也是指全体对象而言，其中某些局部往往还是有规则的，在这种情况下，先抓住各部分的规则总是好的。为了便于记忆，在比较中对零乱的知识制造一些人为的外在联系，这需要有灵活的创造性，要对内容作反复的探究和深入地理解。在这里，教师要创造让学生善于应用比较方法整理知识的机会，并在教学中注重表现知识学习中的比较、分析与综合。二是有利于知识迁移。知识迁移是学习成果的一个标志，每个人都有迁移水平，只是知识还没有内化时迁移水平难以发挥。现代心理学研究表明，各种知识对人的大脑皮层的刺激与影响相似因素越多，越容易引起迁移。把过去学得的知识、技能用于将来可能遇到的情景中去是完全可能的，这有利于知识和技能的正向迁移。在数学中，每一个数学问题的解决，无不是旧知识向新知识比较迁移的结果。在教学中，要注意让学生牢固掌握知识体系，并会用这些知识去分析、探讨相似的知识，从而提高知识的迁移能力。由此，加强各知识间的比较、掌握知识的迁移途径就显得极为重要。

二、分析与综合

从逻辑思维关系上看，分析方法是在思想上和实际中将对象、对象的特征、对象间的相互关系分解为各个部分、各个因素分别加以考虑的逻辑方法。而综合方法是指在思想上把事物对象的各个部分、各个因素结合成一个统一体加以考虑的逻辑方法。

　　分析方法与综合方法从它们各自的出发点和思维运动的方向看，虽然二者是对立的关系，但它们在整个认识过程中的关系又是辩证统一的。首先，分析是综合的基础，没有分析，认识就不能深入、具体、精细，就不能把对象的各部分弄清楚，不能正确把握各部分之间的联系。只有弄清了每部分的意义，才能了解整体上所包含的内容。其次，综合是分析的前提，对整体如果没有初步的综合，分析就不充分，甚至是盲目的。只有分析，没有综合，就会难于统观全局、把握整体。最后，分析与综合在一定条件下可以互相转化。人的认识往往是从现象到本质、由低级向高级不断深化的过程。在这个过程中，从感性具体到理性抽象，从现象深入本质，从无序到有序，均以分析为主要特征。由分析上升到综合后，当新的事实与原有理论发生矛盾时，认识必然又在新的层次上转化为分析，通过新的分析达成新的综合。因此，人的认识总是在分析与综合过程中不断深化和完善的。数学新概念的形成是对数学事实进行比较分析、综合概括的结果，比较分析是为了发现本质属性，综合概括是对本质属性的语言表述。

　　数学新概念问题一般具有两个特征：一是已知关系或对知识本身的提出不是以已知熟悉的形式给出，这些知识或关系往往都被符号语言所掩盖，或通过知识移植后隐藏了其具体性；二是在叙述方式上提高了文字语言的理解难度，而且在知识的结合上也有较大的跨度。

三、归纳与演绎

　　归纳方法是指通过个别事实分析去引出普遍结论的逻辑方法。由于普遍是由大量特殊所组成，通过由特殊寻找或发现一般规律是归纳方法的基本核心。归纳方法按照它的概括对象的范围或性质可分为完全归纳法、不完全归纳法和因果联系归纳法。完全归纳在前提判断中，已对结论的判断范围全部做出了判断，具有确凿可靠性；不完全归纳是从部分推广到全体，归纳的结论具有不可控成分，但它是强有力的"发现"的基础；因果联系归纳是通过对事物对象的因果分析，推出该类事物中所有对象都具有某一属性。

　　归纳方法的本质在于从已知到未知、从特殊到普遍、从经验事实到事物内在规律性的飞跃。在数学学习中完全归纳法尽管是真实的推理，但全部归纳由于认识或不能穷尽原因具有一定的局限性。因此，一般采用不完全归纳法。尽管不完全归纳法的结论具有似真性，但在数学研究或学习中是不可缺少的。首先，它的结论是对经验事实的初步判断，至少是局部的概括，对全局有一定的参考。其次，根据局部概括，可以启发观点。如果没有初步的概括，就不可能形成较为深刻的科学结论。教学中要注重培养学生归纳的思想，对所学知识进行归纳、整理，从整体上把握研究对象的规律性，以便在实践中灵活运用。

演绎方法是从一般到个别的认识方法，即从已知的一般原理出发来考察某一特殊的现象，并判断有关这个对象的属性的方法。演绎方法的作用体现在两个方面：首先，它的推理无懈可击。数学学习中，根据已知事实去论证或推出一个真实的结论就是演绎方法的意义。其次，它可以发现已有认识中的错误。在数学学习中，要重视用演绎法检验学习中、解题中是否存在逻辑错误。完全归纳法与演绎法是数学论证和表达的主要方法，个性中包含着共性，特殊中孕育着一般，按照对象的构成去观察归纳，可以形成探索性的观点，一旦这种观点达成，就可获得一种可以预见的成功。如果没有不完全归纳的初步概括，人们就无法形成抽象的科学结论。

归纳方法与演绎方法作为一种完整的数学逻辑方法相互依存，彼此间存在辩证统一的关系。一方面，归纳方法是演绎的基础，演绎的出发点正是归纳的结果；另一方面，归纳离不开演绎，演绎是归纳的来源之一，又指导和补充归纳，同时概括出某种共同的特征也需要演绎的充分配合。这就是说，在由特殊到一般的过程中，由归纳获得初步概括，再由演绎获得新的层次上的归纳，依层上升达到归纳的目的。因此，归纳与演绎互为条件并相互转化，归纳出来的结论可以转化为演绎的前提，演绎的结论又可指导和验证归纳。

（一）概念角度

数学概念教学一般包括：概念的引入，概念的表述，概念的辨析，概念的应用。概念的形成，要从实例和具体经验出发，通过观察、分析、比较、归纳、猜想、抽象、概括等思维过程获得概念的意义，深化概念的理解。基于概念的形成特点和归纳的思维过程，下面选择"二元一次方程组"为教学主题，按照"创设问题情境，提供归纳材料—观察分析—归纳共性—抽象概括—深化理解—反思归纳"的过程进行。具体如下：

1.创设问题情境，提供归纳材料

一方面为学生提供归纳素材，另一方面让学生在尝试解题的过程中感受新知识解决现有问题产生认知的冲突，从而产生学习新知的渴望。

2. 观察分析

学生在具体问题情境中，借助已有知识基础，通过分析题意，找出数量关系，进而在已设的基础上列出相对应的方程，并观察各个方程的特点。

3. 归纳共性

在观察分析的基础上，归纳出各个方程未知数的次数、项数特点，并思考用文字语言怎么表述。在此阶段，由于学生知识水平的差异，观察视角的不同，可能会出现不同的表述形式，这时教师就要引导学生分析他们表述形式的差异性，进而形成对该类型方程的整体性认识。

4. 反思归纳

此阶段，一方面反思整个学习过程中的归纳活动及思维方式，另一方面反思二元一次方程组的本质特征，同时结合已有知识进行系统地总结。

在概念教学中进行归纳活动提升学生的归纳推理能力时，关键是要将归纳推理的思维方式渗透到知识中，而不是将现成的数学知识直接呈现给学生，让学生被动地接受。要从学生的心理发展特点及现有的知识水平出发，对课本材料重新加工，以变成学生乐于接受并能够理解概念本质的情境材料，达到知识升华的目的。

（二）命题原理角度

数学命题是表示概念具有某性质或概念之间具有某种关系的判断，其主要形式是公式、定理、原理及法则。命题学习以概念学习为基础，主要学习过程包括命题的获得、命题的证明、命题的应用。在命题教学过程中，关键是让学生参与到命题是如何获得的过程中及命题证明方法的探索过程中，以此体悟归纳推理的思维活动，积累数学活动经验。

在命题教学过程中，教师要尽量再现命题是如何获得的过程，构造教学情境，让学生经历再发现、再创造的过程，通过观察、对比、分析，形成猜想，并能探索严密的论证方法，最后在学习活动结束后，又能主动归纳获得命题的方法及反思命题形成及论证过程中遇到的障碍。这对学生的长远发展也是大有裨益的。

（三）解题角度

在新课程观念的影响下，解题教学就是要教给学生解题的方法，形成良好的解题思维习惯，即在解题之后能够对该类题的困惑进行反思，以及这类题考察的知识点、解题方法都是什么，如果能力允许的话可以对题型进行改编，进行思维的"再创造"过程。在解题过程中，学生不断尝试，突破解题困惑，借助特例形成猜想找到解题思路，这也是学生归纳推理能力不断提升的过程。

问题解决，考察的是一个学生的综合能力。这就要求学生能在分类的基础上，运用归纳的思维将已有的知识系统化，同时在遇到问题时，能够在理清题意的基础上，借助已有知识框架，用归纳的思维策略探寻解题思路。这需要教师在平常的教学过程中多引导，学生在学习活动中多反思、多归纳。

用演绎推理解答问题的方法是演绎方法。其特点是，所引用作为论据的是一般原理。使用演绎方法要注意把一般原理正确地、恰当地应用到位。由于数学是演绎发展的结构，大量的问题都是由演绎推理形成的，所以掌握数学就意味着要掌握演绎的方法。

归纳方法是由具体、特殊、个别到一般的方法，在归纳过程中，演绎方法起着更重要的作用。

第五节 阅读理解能力的培养

一、数学阅读能力的内涵

（一）数学阅读的含义

在对数学阅读的理论研究中，有学者将数学阅读的心理过程分为如下：

1. 识码

识码就是阅读的初始阶段，即对阅读材料的初步感知。阅读感知的对象，不仅是材料中的文本信息，比如字词句段，还会涉及数学阅读材料中更具代表性的符号和图形。

2.解码

解码是阅读的第二阶段，即具体到抽象、抽象到具体这样一个"双向"的心理过程。有效的阅读，需要阅读者将刚刚学到的新知识与自己以往存储下来的信息相互交流，使得新旧知识重新编码，相互融合，形成新的认知结构。

3.述码

述码是在前两个阶段基础上的阅读表述，是对内化结果的外观与表征，也就是将内在的阅读心理活动通过外显的行为活动给表述出来。

4.评码

评码是阅读过程的最高境界。阅读的主要目的是在于通过对阅读材料中获取某种价值与意义，并且对材料进行评价，从某一个高度去重新审视阅读。

（二）数学能力的含义

数学能力是指个体完成数学活动的一种稳定的个性特征[①]，在数学的感知、记忆、思维、想象活动中能表现出很强的个性，并能保持稳定的性质。数学能力一般指数学语言与符号表达、抽象思维、逻辑推理与判断、空间想象、数学建模、数学运算、数据处理与数值计算能力等。

（三）数学阅读能力的含义

对数学阅读能力的界定主要在阅读的内涵，信息加工理论，数学能力研究的理论基础上进行。

数学阅读能力是指为了促进学生数学学习的高效和高质量，使得学生能在数学学习过程中积极主动地阅读数学材料，通过语言的识别与转化，从而进行综合理解的能力。

二、数学阅读能力结构

研究主要是围绕数学阅读能力结构构成的因素之和，从而对数学阅读能

---

① 武俊花.初中数学能力问题新探 [J].新课程学习（下），2014（1）.

力结构进行界定。

根据学生数学阅读能力的理论基础，建构最初的数学阅读能力结构由语言识别、语言转化、语言表征、信息筛选、模型识别、逻辑推理、自我管理能力七个因素构成。

（一）语言识别能力

在数学阅读学习中，能够对数学阅读材料中出现的符号、文本与图形三种语言符号进行识别，清楚每一种语言背后所代表的具体含义。

（二）语言转化能力

在数学阅读学习中，能对符号、文本与图形这三种语言进行相互转换。由于思考角度、思维方式、学习风格的差异，学生在阅读材料时面对不同的语言，其认知程度也会不同。学生在识别每一种语言的过程中，其目的是将语言进行整合，转化成易于理解与吸收的内容，从而对材料进行深入理解。语言转化不仅仅是结果，更是学生自我体验和自我加工的过程。

（三）语言表征能力

语言表征能力指的是学生在阅读过程中对材料的理解吸收程度，能够读懂题目中的条件及问题所在。

（四）信息筛选能力

信息筛选能力指的是学生自己在数学阅读学习中形成的对材料信息进行障碍辨别与排除，并且选择出有效及关键信息的能力。它是学生通过对阅读材料信息、阅读任务和环境的理解而形成的。具备良好的信息筛选能力是学生形成数学阅读能力的必要条件。

（五）模型识别能力

学生在数学阅读过程中，主要的任务是解决实际遇到的数学问题，其关键是对已经学习并掌握的知识，进行回忆与识别，这个过程中体现的就是学生的模型识别能力。数学模型是运用梳理逻辑方法和数学语言建构的科学，它是构架起实际问题与数学工具之间一座必不可少的桥梁。数学模型不仅要包括数学中的各种概念、公式和理论，还包括长久以来对数学进行研究而得到的一些数学关系结构。所有的模型都是由现实世界的具体事物为原型而抽

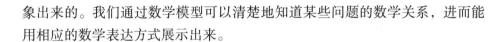

象出来的。我们通过数学模型可以清楚地知道某些问题的数学关系，进而能用相应的数学表达方式展示出来。

（六）逻辑推理能力

逻辑推理能力主要考查阅读者在阅读过程中反应的敏捷性、思考分析的敏锐度，掌握问题核心的速度。逻辑推理能力是学习数学时必备的能力之一，良好的逻辑推理能力可以帮助阅读者在短时间内做出正确的选择，并且顺着这个思路，在最短时间完成题目思路的解析，得出结论。

（七）自我管理能力

自我管理能力指的是学生在阅读过程中对资源的调节与掌控能力，根据周围的资源与环境，制定出适合自己的阅读计划和策略。

三、中学生数学阅读能力培养的原则

（一）激发兴趣和培养习惯相结合原则

兴趣是最好的老师，教师一方面通过设立一定的难度问题，引起学生的好奇心，从而激发他们的探求渴望，在学生浓厚兴趣的基础上指导学生阅读教材。另外一方面教师要注重对学生的鼓励和表扬，发现学生在阅读中的亮点，通过正面激励让每一位学生的数学阅读获得成就感，最后还可通过名人故事、真实案例，给学生建立榜样，起到榜样作用。习惯的培养不可能一蹴而就，长期不断地提高和刺激是必不可少，坚持激发兴趣与培养习惯相结合的导向，消除负面因素，鼓励积极向上的态势，学生的自我努力加上老师的关注，使阅读成为学生的自我需求。

（二）元认知与最近发展区相结合原则

首先要正视学生对于阅读的元认知水平，然后根据最近发展区理论，进行过程性的辅导。在辅导过程中，要实行逐步铺垫，不仅有认知上的铺垫，而且也有情感上的铺垫。一般可以首先由按纲阅读开始，进而半独立阅读，即通过教师精心带读示范，剖析概念的内涵与外延，及例题求解过程中的阅读策略，然后让学生带着问题去阅读课本，并要求学生在阅读时做记号、划重点、提问题，养成读书时动手、动脑、动口的习惯。并要求学生尝试用语言叙述数学问题及解题过程。

（三）主动阅读和被动阅读相结合原则

被动阅读，就是逐字逐句读书上的文字，弄懂书中提出的概念、定理、公式及例题。所谓主动阅读，就是要求带有思考的阅读，一边阅读一边预想、猜测、估计，并与书中的内容相印证，自我评点、更正。例如，学生看完一个定理的条件和结论之后，不能立刻去翻看书上的证明，而是先试着自己证明，把自己的想法与书中证明过程相印证；学完例题后，学生自己先尝试解答，然后再学习书中的解法，比一比哪个解法更简捷，做完题后，还可以互换条件和结论，进行变式练习，从而养成一题多解，一图多变的习惯，不论自己的思路是否成功，这样的试一试，都会有极大的好处。

（四）阅读与表述结合原则

在学生的阅读能力有了一定的提高后，在学生自主阅读的基础上，让学生对所学内容进行剖析、总结、交流，并要求学生熟练地用数学语言描述所学内容，准确地用数学语言表述解题过程，教师参与学生交流活动，并能及时对交流作出评价。要舍得时间让学生自主阅读，不能流于形式匆匆而过。因为，表述是学生思维的再现，是对阅读的内容进行信息加工、同化为自己认知结构的一部分的重要展现平台。课堂教学重点应放在阅读辅导与阅读交流上，把教师想讲的知识，通过学生自主阅读，由学生自主来完成，由他们口头讲出。这就要求教师能精心策划组织课堂教学。

（五）课内与课外阅读相结合原则

随着教学理念的改变，现在的命题趋势是几乎所有的综合问题职能联系到实际生活中。广泛的阅读，不只局限于数学教材中的阅读，如教师应结合教学内容，及时向学生推荐，介绍和补充一些课外科学书籍，杂志，报纸，甚至网络上的新趋势，一些相关的数学进展，文章和内容的新成果等。能够增长知识，开阔学生眼界，更能培养独立阅读的能力。

四、中学生数学阅读能力培养的策略

（一）数学教科书的阅读策略

1. 标记批注法

由于数学语言的科学性、严谨性、准确性、简洁性以及教科书上数学知识的呈现特点，在阅读数学教科书时，要慢慢精读，边读边画边写，画就是做标记，画出重点、难点和疑问点；写就是写批注，写出省略部分、疑惑问题、所感所悟和归纳小结。

2. 语言互译法

在阅读数学教科书的活动中，当教科书上的语言很难理解或不容易识记，试着将数学语言形式进行互译，如把文字语言翻译成符号语言或图表语言；把符号语言翻译成文字语言或图表语言；把图表语言翻译成文字语言或符号语言，根据阅读对象的特点，将其翻译为恰当的语言形式将是我们阅读教科书，理解数学内容的好办法。

3. 类比阅读法

对于教科书上同类知识或相似知识，可以采取类比的方式进行阅读。例如，在学习"二元一次方程"时可以类比"一元一次方程"的概念，学习"分式"时可以类比"分数"的概念和运算性质，学习"四边形"时可以类比"三角形"的研究方式，从定义、性质和判定出发。类比阅读不仅有助于理解新知，而且还能加强数学知识间的相互联系。

4. 操作阅读法

人们获得知识的途径主要来自直接经验和间接经验，其中直接经验是认识的"源"。在学习知识时，动手操作是建立和再现直接经验的主要手段。因而，在阅读教科书时，边操作、边观察、边思考，有利于发现规律，领悟知识的形成过程。

5. 深究阅读法

为了改变学生看书一带而过的习惯，在阅读数学教科书时要咬文嚼字、句句斟酌、反复推敲，力求理解深刻，多问自己几个为什么。

6. 质疑阅读法

学起于思，思源于疑。爱因斯坦说"提出一个问题，往往比解决一个问题更重要"。人若习惯接受，久而久之，不利于思维能力的培养与发展。心理学研究表明：疑，最易引起思维的不断深入。所以，在阅读教科书过程中要积极思考，大胆质疑，让学生在"生疑—质疑—释疑"的过程中，感受探索、创造的乐趣，培养他们的创新意识，提升他们的思维品质。

（二）数学问题的阅读策略

阅读数学问题是解决数学问题的首要步骤，也是正确解题的关键步骤。对于解决数学问题，主要有 5 个步骤：①开始意识到难题的存在；②识别出问题，确定疑难的关键；③收集材料并整理，提出各种可行方案；④考虑这些解决办法的各种可能结果；⑤实验其中最有可能达到目的的解决办法。杜威的这一解决问题的模式中的①～④步都可以说成是阅读数学问题[1]。乔治·波利亚在《怎样解题》书中提出了著名的"怎样解题"表，将解题过程分为 4 个阶段：弄清问题、拟定计划、实现计划和回顾。其中前两个阶段可以说是属于数学问题的阅读过程。波利亚对这两个阶段给出了问题式的指导意见。

第一阶段：弄清问题。

第一，你必须弄清问题。未知数是什么？已知数（指已知数、已知图形和已知事项等的统称）是什么？条件是什么？满足条件是否可能？要确定未知数，条件是否充分，或者它是否不充分，或者是多余的，或者是矛盾的，画张图。引入适当的符号。把条件的各个部分分开。第二，找出已知数与求知数之间的联系。如果找不出直接的联系，你可能不得不考虑辅助问题。

第二阶段：拟定计划。

你以前见过它吗？你是否见过相同的问题而形式稍有不同？你是否知道与此有关的问题？你是否知道一个可能用得上的定理？

看着未知数，试想出一个具有相同未知数或相似未知数的熟悉的问题。这里有一个与你现在的问题有关，且早已解决的问题，你能应用它吗？你能应用它的结果吗？为了能应用它，你是否应该引入某些辅助元素？

---

① 何小亚. 解决数学问题的心理过程分析 [J]. 数学教育学报，2004（8）：34-36.

根据波利亚的解题理论，制定数学问题的阅读方法。

第一步，通读一遍，筛选信息。通读一遍题目，区分有效信息和干扰信息，抓住关键字词，理解题目中所涉及的概念、定理等与数学有关的术语的准确含义，弄清题目大概意思。

第二步，精读信息，弄清问题。精读有效信息，弄清已知条件有哪些？已知条件是否充分？所有已知条件之间有什么联系？与题目条件相关的数学知识有哪些？是否可用于这道题目的解答中？是否包含隐藏信息？待解问题是什么？问题可以转换为其他形式吗？

第三步，重组信息，拟定解题计划。能用自己的话复述一遍题意吗？能画草图描述题意吗？由题中的已知条件是否联想到了什么？条件与问题有无直接联系？若没有直接联系，怎样搭建桥梁？能联想到某个与之相关的熟悉的问题吗？能解决题目中的部分问题吗？可以将问题分解为几个层层递进的小问题吗？从目标出发，要解决这个问题，需要什么条件？这些条件是否已知？如果不是已知的，能不能由已知条件推导出来？是否遗漏了什么条件？无从着手时，回到定义中去，或许会有新的发现。

第四步，回顾反思，积累阅读问题的经验。解决这道题，碰到困难了吗？产生困难的原因是什么？最终是如何解决的？解决这道题的关键是什么？如何得到这关键的一步？你能从这道题目中获得哪些经验？

第五章　中学数学高效课堂教学评价

第一节　中学数学课堂教学评价的发展

新理念下的初中数学课堂教学评价具体包括以下几个方面：反映学生数学学习的进步和成就，激励学生的数学学习；诊断学生在学习中存在的困难，及时调整和改善教学思路；全面了解学生数学学习的历程，帮助学生认识自己在解题策略、思维或习惯上的长处和不足；使学生形成对数学学习的积极的态度、情感和价值观，帮助学生认识自我，树立信心。

为此，必须建立评价目标多元、评价方法多样的评价体系。评价既要关注学生学习的结果，更要关注他们学习的过程；要关注学生数学学习的能力，更要关注他们在数学活动中所表现出来的情感与态度。要关注学生某一阶段的学习结果，更要关注学生在学习过程中的发展和变化。

通过评价所得到的信息，可以了解学生达到的水平和存在的问题，帮助教师进行总结与反思，调整和改善教学内容和教学过程。对学生数学学习来说，评价的变化主要体现为如下几个方面：

一、注重对学生数学学习过程的评价

根据《初中数学课程标准》的要求，对学生数学学习的评价应从甄别式的评价转向发展性评价。对学生数学学习的评价，既要关注学生知识与技能的理解和掌握，更要关注他们情感与态度的形成和发展；既要关注学生数学学习的结果，更要关注他们在学习过程中的变化和发展。应强调评价的诊断功能和促进功能，关注学生在数学学习上的发展进程，重点放在纵向评价上，强调学生个体现在与过去的比较，着重于学生成绩和素质的提升。

二、恰当评价学生基础知识和基本技能的理解和掌握

对基础知识和基本技能的评价，应遵循《初中数学课程标准》的基本理念，以该学段的知识与技能目标为基准，考查学生对基础知识和基本技能的理解和掌握程度。应当强调的是，学段目标是该学段结束时学生应达到的目标，应允许部分学生经过一段时间的努力，随着知识与技能的积累逐步达到。

三、重视对学生发现问题和解决问题能力的评价

对学生发现问题和解决问题能力的评价，要注意考查学生能否在教师的指导下，从日常生活中发现并提出简单的数学问题；能否选择适当的方法解决问题；是否愿意与同伴合作解决问题；能否表达解决问题的大致过程和结果；是否养成反思自己解决问题过程的习惯。教师可以根据学生提出问题的数量和质量，给予定性评价。

四、评价主体和方式多样化

评价的手段和形式应当多样化，应以过程性评价为主，既可以用书面考试、口试、活动报告等方式，也可用课堂观察、课后访谈、作业分析、建立学生成长记录袋等方式。同时教师在评价学生学习时，既可以让学生开展自评和互评，也可以让家长和社区有关人员参与评价，而不仅仅局限于教师对学生的评价。

五、评价结果以定性和定量相结合的方式呈现

采用鼓励性语言，发挥评价的激励作用，让人体会到只要你在某个方面付出了努力就能获得公正、客观的评价。另外，评价要关注学生的个性差异，保护学生的自尊心和自信心。

第二节　评价新理念在中学数学课堂教学中的表现

一、评价理念的变化

数学课堂教学是数学活动的教学，是师生之间、学生之间交往互动、共同发展的过程。数学课堂教学，要紧密联系学生的生活实际，从学生的生活经验和已有知识出发，创设生动有趣的情境，引导学生开展观察、操作、猜想、推理、交流等活动，使学生通过数学活动，掌握基本的数学知识和技能，从数学的角度观察事物，思考问题，激发对数学的兴趣。

学生是数学课堂教学的主体，教师是学生数学活动的组织者、引导者与合作者。教师要正确地认识学生个体差异，因材施教，使每个学生都在原有的基础上得到充分地发展；要关注学生的学习过程，不仅要关注学生观察

分析、表达、操作、与人合作等一般能力的发展，以及运算、空间观念、统计、解决问题等数学能力的发展，更要关注学生在情感态度与价值观等方面的健康和谐发展；不仅要关注课堂教学的结果，更要关注课堂教学的过程。

数学课堂教学中的评价新理念尤以如下两个方面最为突出：

第一，评价是为了全面考查学生的学习状况，激励学生的学习热情，促进学生的全面发展。对学生数学学习的评价，应首先关注学生的数学活动，包括学生在活动过程中的投入程度、活动水平以及通过活动所获得的发展；对知识和技能的评价，应侧重学段目标中所提到的重要数学知识和方法，对它们的评价应在实际背景和解决问题的过程中进行，并注重不同内容之间的联系；评价结果应能较为全面地刻画学生数学学习的现状和发展情况，结果的呈现应注意将定性描述与定量表述相结合，尽量使用鼓励性语言。

第二，评价是教师反思和改进教学的有力手段[①]。数学课堂教学是数学活动的教学，是师生之间、学生之间交往、互动、共同发展的过程。数学课堂教学是数学教师的教学技能、教学能力、业务水平、文化修养、教育观点、师德和思想素质的综合表现。因此，数学课堂教学的评价的目的，还在于总结教师优秀的教学经验，诊断教学的不足，以便更有效地改进教学方法；数学课堂教学评价的过程同时也是教师进行教学反思、开展教学研究、促进自我专业成长的重要途径。

二、学生学习数学的评价

对学生数学学习进行考评的工具应涉及评价学生的进步，调节教师的教学以及为家长们提供他们孩子在校学习数学的情况等几个方面。对学生数学学习情况的评价应注意多种评价形式相结合，采用课堂观察、课后访谈、作业分析、操作、实践活动等多种形式。针对学生的特点和课程内容，除常用的几种评价方法外，还有如下几种方法。

（一）课堂观察

与其他一些研究方法相比，课堂观察法较为简便易行且实用性很强，是进行数学课堂教学评价与研究的重要方法。

---

① 季大成.对传统教学评价的反思[J].小学科学（教师版），2013，000（011）：157-157.

1. 观察法的含义及特点

课堂观察是一种科学的观察方法，作为一种研究方法，它不同于一般意义上的观察。它是指研究者或观察者带着明确的目的，凭借自身感观（如眼、耳等）及有关辅助工具（观察表、录音录像设备等），直接或间接（主要是直接）从课堂情境中收集资料。

观察法的重要价值在于它是一种现场实施的方法，在自然的情境中，评价者在事件发生的当时进行研究，可以随时捕捉各种教学现象。例如，针对学生的学习态度爱好、兴趣、参与程度等的观察分析。相对于其他研究方法而言，观察法虽然不能精确地反映被评价者的达标程度，研究方式比较直接，能获得具体、生动的感性认识和真实可靠的资料。

另外，观察法简便易行，操作灵活，能够在短时间内获取大量的原始资料。尽管课堂观察也需要进行精心的设计和实施，但相比于一般的系统研究方法而言，课堂观察易于设计，研究过程灵活。

观察法也有弊端。比如，由于评价者本人的偏见或片面性，对被评价者的行为表现产生先入为主的倾向，就不可避免地把主观臆想的结论和脱离实际的印象混杂在观察记录中，影响对结果的判断。而且，观察者的情绪、态度水平、洞察力、鉴别力等，都直接影响着观察的效果。因此，对同一件事的观察，往往会因为不同人作为观察者而得出不同的结论。

2. 课堂观察的基本步骤

不同类别的课堂观察在运作时有不同的过程，但又有一些共同的程序。一般来说，课堂观察分为三个基本的阶段：观察前、观察中和观察后，其中每一个阶段又包括一些具体的步骤。

（1）课堂观察前准备——确定观察的目的和规划。

首先，要确定观察的时间、地点、次数等。

其次，要根据观察的目的确定观察的焦点，即需要记录的事件和行为。任何一种课堂观察的方法，都不可能考虑到课堂的全部。因此，要根据观察的目的，选择观察的中心，资料的搜集围绕中心进行，从而保证观察的效率。例如，要评估数学课堂上教师提问的质量，那么观察的中心就集中在教师身上，对教师所提的问题以及学生的反应加以记录。

再次，设计或者选择观察记录的方式和工具。在观察前，应该根据观察的目的和背景选择一种最为适当的记录方式或者现成的观察表，或者也可以根据自己的需要自行设计观察表。只有保证记录方法的适当性，才能保证收集到所需的信息。

最后，如果有可能，应该事先确定被观察行为的一般标准。一般标准是一种价值判断，它的确定过程往往较为科学和权威，能够得到大多数人的认可。一般标准的确定，可以给观察过程和观察后资料的分析提供一种导引。例如，在评价教师的教学情况时，可以先确定一堂好的数学课的标准，以便对观察的行为和结果进行分析。

（2）课堂观察中——进入课堂及记录资料。课堂观察的实施阶段包括进入课堂，以及在课堂中按照事先拟订的计划和选择的记录方法，对所需的信息进行记录。

进入课堂，是实施课堂观察的前提条件。教师一般对观察者有一种怀疑和戒备的心理，学生也会对观察者充满好奇，这些因素都会影响观察者对真实资料的获得。因此，在进入课堂时，应事先征得同意，并尽快与被评价者建立起相互信任的关系。

在课堂中，按照预先选定的记录方式对观察对象进行观察和记录是课堂观察的主体部分。观察者选择的不同记录方式决定了他在观察过程中具体的观察行为。记录方式基本可以分为定量和定性两类。定量观察的记录方式包括编码体系、记号体系或项目清单、等级量表。定性观察的记录方式包括描述体系、叙述体系、图式记录、工艺学记录。例如，要评价课堂中的互动行为，就可以通过记号体系的观察表进行记录。

无论采取哪一种方法进行记录，都应当尽量克服来自观察工具、教育者自身，以及来自外部环境的各种影响观察信度和效度的因素。

（3）课堂观察后——资料的分析与结果的呈现。课堂观察结束后，最好能在短时间内对所收集的资料加以整理和分析，避免发生偏差。通过课堂观察搜集的资料，一般有定性和定量两种。两种资料分析的方法尽管不一样，但目的都是通过对所记录的课堂事实进行系统地分析，来揭示课堂行为之间的相互关系，了解被观察行为的意义。资料分析是一项复杂而重要的工作，它关系到对原始资料的有效利用和对结果的准确解释。资料分析和整理之后，可以从系统的资料中归纳推论出研究结论。

3. 课堂观察需要注意的问题

观察者应该通过公开协商的途径进入课堂，并尽快取得被评价者的信任和理解，建立一种彼此信赖的关系。有学者提出以下原则：开诚布公；尊重

自由抉择的权利；信守承诺；尊重隐私权；澄清误解，告知结果。

必须掌握相应的观察工具及其使用技巧。在观察行动开始之前，观察者已经选择了针对观察焦点的记录体系或观察工具，比如一份结构性的观察表、一个评价等级量表、一份观察纲要、一个辅助性的记录工具等。无论是什么，观察者都要在事前学习其使用方法和技巧，以及记录原则和标准，以保证记录的针对性和准确性。

要尽量克服自身的偏见。观察者应该尽可能地减少自己的主观偏见对观察的不良影响。了解与自己相关的影响观察的误差来源，比如，观察者自身的理论水平、受教育程度和经验，观察者本人的兴趣和价值取向，对学生的性别、成绩和家庭背景的固定印象等。

（二）调查和实验

调查和实验提供了一种采用动手实践活动进行表现性评价的形式。通过学生的调查和实验，有助于实现数学课程培养学生动手实践能力的目标，有助于使学生形成对数学内部的整体把握，以及加强数学与外部世界的联系。这些调查和实验可以是科学定向的，但在其中需要使用数学知识和技能，或者是基于数学的探索活动，比如对数学规律或模式的探索等。

（三）成长记录袋

在评价学生的学习过程时，可以采取建立成长记录袋的方式，以反映学生学习数学的进步历程，以增加他们学好数学的信心。教师可以引导学生自己在成长记录袋中收录反映学习进步的重要资料，如自己特有的解题方法，最满意的作业，印象最深的学习体验，探究性活动的记录，在日常生活中发现的数学问题或提出的有挑战性的问题，对解决问题的反思，等等。另外，成长记录袋的内容还可以设计成包含学期开始、学期中和学期结束三个阶段的学习材料，材料要真实并定期加以更新，使学生感受到自己的成长与进步，这有利于培养学生的自信心，也为教师全面了解学生的学习状况，改进教学，实施因材施教提供重要依据。成长记录袋中的材料应让学生自主选择，并与老师共同确定。事实上，让学生参与成长记录袋建立的整个过程与其中所收录的内容一样重要，这有助于培养学生对自己的数学学习进行监控的能力。

例如，在整理与复习、回顾与反思和问题探索部分，可以引导学生利用成长记录袋收集有关资料，以反映自己的探索过程与取得的进步，这样的做法也有助于把数学学习过程与评价过程自然、有机地结合在一起，既不增加学生和教师额外的负担，又使学生参与评价，成为评价过程的一部分。同时，我们鼓励教师在实践中发挥主动性，开展积极的研究，创造出新的形式。

（四）数学日记

数学日记不仅用于评价学生对知识的理解，而且用于评价学生思维的方式。因为通过记日记的方式，学生可以对他所学的数学内容进行总结，写数学日记无疑提供了一个让学生用数学的语言或自己的语言表达数学思想、方法和情感的机会。而且，数学日记还可以发展成为一个自我报告，评价自己的能力或反思自己问题解决的策略。从这个意义上说，数学日记有助于数学教师培养和评价学生的反省认知的能力。

（五）开放性任务

开放性任务意味着一个较为复杂开放的问题情境，解决这样的任务需要经历提出假设、对数学情境作出解释、计划解题的方向、创造一个新的相关的问题或进行概括等，也就是说在该任务的解决过程中，可以帮助我们收集到有关学生更多方面的信息，从而说它更具有开放性。

一个好的开放性任务不仅要求学生给出数学问题的解答结果，而且要求学生在这一任务中学会探索，使用各种方法，综合应用各种数学知识和技能，并且在具体的情境中调整它们以适应新的情境。评价应关注学生的过程性评价，很显然，开放性任务的设计是有助于对这一方面的评价。

（六）二次评价（延迟评判）

由于学生所处的文化环境、家庭背景和自身思维方式的不同，学生在数学学习的发展上必然存在着差异，应允许一部分学生经过一段时间的努力，随着数学知识与技能的积累，逐步达到应达到的目标。对此，教师可以选择延迟评判方法。如果学生自己对某次测验的答卷觉得不满意，教师可以鼓励学生提出申请，并允许他们重新解答。当学生通过努力，改正原答卷中的错误后，教师可以就学生的第二次答卷给予评价，给出鼓励性的评语。这种"延迟判断"淡化了评价的甄别功能。对于学习有困难的学生而言，这种"延迟判断"能让他们看到自己的进步，感受到获得成功的喜悦，从而激发学习的动力。

总之，每种评价方式都有自己的特点，评价时应结合评价内容与学生学习的特点加以选择。比如，教师可以选择课堂观察的方式，从学习数学的认真程度，基础知识和基本技能的掌握情况，解决问题和合作交流四个方面对学生进行考查。教师还可以从学生成长记录中了解学生提出问题和解决问题能力的发展等。

（七）评价结果的呈现形式

在呈现评价结果时，应采用定性与定量相结合的方法。定量评价可采用等级制的方式。定性描述可以采用评语的形式。评语可以补充等级的不足。一个等级所能反映出的信息毕竟是有限的，对于难以用等级反映的问题，可以在评语中反映出来，因而对学生的评价能够更加全面。

评语无固定的模式，但针对性要强，语言力求简明扼要，要避免一般化，尽量使用鼓励性的语言客观、全面地描述学生的学习状况，充分肯定学生的进步和发展，同时指出学生在哪些方面具有潜能，哪些方面存在不足，使评语有利于树立学生学习数学的信心，提高学习数学的兴趣。

三、教师教学的评价

对教学过程中教师的教学，可以从如下三个维度来进行评价：情意过程、认知过程、因材施教过程。这是评价数学课堂教学过程中教师教学最基本的三个方面。

（一）情意过程

评价数学课堂教学过程中教师的教学，首先应当关注数学课堂教学。

教学环境：是否营造了一个和谐的师生关系、生生关系，教师是否鼓励学生发现问题、提出问题，学生是否敢于质疑、大胆尝试、乐于交流与合作。

学习兴趣：教师能否充分地调动学生的学习积极性，使全体学生都能够主动、有效地投入数学活动之中；学生是否对数学有好奇心与求知欲。

自信心：教师能否让学生在数学学习活动中获得成功的体验，学生能否在学习过程中建立自信心。

（二）认知过程

有效的数学课堂教学还应关注学生的认知过程。评价教师的课堂教学要关注教师在实施数学课堂教学过程中，能否使学生有效地经历数学知识的形成过程，能否使学生在获得必要的基础知识与基本技能的同时，发展实践能力与创新意识。可以从以下三个方面进行评价。

1.学习方式：教师能否根据具体的教学内容，引导学生开展有效的学习。

2.思维的发展：教师能否发展学生的形象思维能力、抽象思维能力、统计观念、合情推理能力、初步的演绎推理能力与初步反思的意识。

3.解决问题与应用意识：教师能否有效地组织学生初步学会从数学的角度提出问题、理解问题，并能综合运用所学的知识和技能解决简单的实际问题，发展应用意识；能否使学生形成解决问题的一些基本方法。

（三）因材施教

义务教育阶段的数学课程应面向全体学生，数学课堂教学要体现因材施教的原则，使得每一个学生都能获得必需的数学知识，使得不同的学生在数学上有着不同的发展。

数学课堂教学应当是一个师生互动、生生互动、共同发展的过程[①]。教师应当能够根据数学问题情境的特点组织教学。有些问题需要学生独立解决；有些问题需要在学生独立思考的基础上，组织学生进行小组合作交流；有些问题需要通过小组合作共同完成。

按照这种评价维度进行，还应关注：

尊重个性差异：教学中尊重每一个学生的个性特征，允许不同的学生从不同的角度认识问题，采用不同的方式表达自己的想法，用不同的知识与方法解决问题。

面向全体学生：教师在课堂教学中要关注每一个学生，特别是对学习有困难的学生给予切实帮助。

教学方法与手段：合理有效地使用教学方法与手段。

在合作学习中要组织学生进行有效的小组合作学习与交流活动，学生认真地倾听别人的意见，清晰地表达自己的想法，在交流中不断调整自己的思维。

此外，根据数学课堂教学的整体性、综合性以及教学效果的动态生成性，也可以按照如下的维度进行数学课堂评价：教学目标、教学内容、教学

① 穆建明.浅谈小学数学课堂教学的转变[J].科技视界，2016，166（07）：217-217.

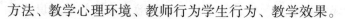

方法、教学心理环境、教师行为学生行为、教学效果。

其中，教师行为和学生行为是评价的核心因素。

从发展性的角度，有人提出，也可以从如下几个方面进行课堂教学评价：

教学思想：育人为本、德育为核心、面向全体、因材施教。

教学目标：反映大纲要求，符合学习特点，在教学过程中体现教学目标。

教学内容：科学准确、处理得当、熟练自如。

教学环节：灵活多样、自然得体、善于组织。

教学方法：逻辑性强、启发性强、通俗性强、开放性强、实用性强。

教学效果：达成教学目标，进行学法指导，促进能力发展。

四、中学数学课堂评价的实施

（一）收集评价信息

收集信息的范围和方法应限于评价方案确定的原则之内，获得评价对象的认可。收集信息主要通过以下几种途径进行：

1. 说课（只对事前指定的听课进行说课）

通过说课，了解评价对象对本课的安排是否体现素质教育要求和正确的教学指导思想，对教学目标、内容、方法、手段、步骤等的安排是否合理。由评价者对评价对象进行课前指导，以进一步修正和完善课前准备工作。

2. 课堂观察

这是评价者在课堂教学评价时获取评价信息的重要途径。在听课前，一定要熟悉课程标准和教材，熟悉教师的教案，确定听课的重点。听课重点的确定既可以根据评价对象的意见来确定，也可以根据评价者的意见来确定。例如，有些教师认为自己的课堂教学结构安排不够合理，不能很好地控制教师讲授时间以及小组合作的时间，评价者就应该记录教师在各项教师活动中所用的时间，在听课后的反馈中，与该教师讨论哪些地方讲得不够，哪些地方过于拖沓，哪些是可以省掉的不必要的环节等。在听课过程中，要详细记录教学过程，教师的设问、讲解、演示、板书，以及学生的应答、活动、参与的情况，记录教师收集信息、处理信息的方式，反馈的次数和各教学环节

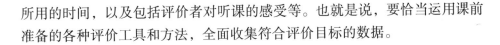

所用的时间，以及包括评价者对听课的感受等。也就是说，要恰当运用课前准备的各种评价工具和方法，全面收集符合评价目标的数据。

3. 问卷调查、测验、座谈、访谈

听课结束后，要及时了解学生的反映和教师的自我感受，特别是在诊断性评价中。可以在课后发放调查问卷让学生填写，也可以通过访谈、座谈的方式，与学生交谈，了解他们对教师教学方法的意见，或者通过测验的方式，了解学生对所教内容的掌握程度。教师的自我评价，同样可以采用访谈或者问卷调查的方式进行。

（二）进行评价面谈

这是属于评价后的反馈阶段。评价信息搜集完毕后，要及时地作出反馈。与被评价者进行面谈，一般要求评价者根据听课记录以及其他方式搜集的资料，依据评价标注，对本节课教学中表现出的优势与不足，进行初步的评价，提出改进的建议。

（三）撰写评价报告

在评价双方通过评价面谈达成初步共识的基础上，评价者要及时撰写评价报告。评价报告要力求言之有物，防止空洞抽象。评价报告一般包括两个部分，一个是评价面谈的讨论记录，另一个是新的课堂教学发展目标。

（四）经常性的自评

教师根据共同商讨的评价意见和新的课堂教学发展目标，进行经常性的自评，不断完善自己的课堂教学活动。

（五）中期检查

评价者与教师定期进行中期检查面谈，反省实现发展目标的过程、程度及存在的问题，分析问题的症结，提出进一步提高的办法，必要时调整目标实现的时间。面谈后，撰写一份双方认可的简明的材料，反映出实现目标的过程，附在评价报告中。

参考文献

[1] 波利亚，徐鸿. 怎样解题：数学思维的新方法 [M]. 上海：上海科技教育出版社，2007（5）：4–6.

[2] 蔡联远. 关于初中数学课堂教学现状的反思与应对策略 [J]. 数学教学通讯，2016（20）：30–31.

[3] 程卫东，王永辉. 现代教育在中学数学教学中的探索 [M]. 长春：吉林人民出版社，2019.

[4] 丛丽，叶辉，崔岩. 翻转课堂教学模式下中学数学教学语言艺术 [J]. 大连教育学院学报，2018，34（03）：36–37.

[5] 董烈云. 多媒体技术在初中数学直线形教学中的应用 [D]. 呼和浩特：内蒙古师范大学，2011.

[6] 窦龙江，殷爱梅，梁秀红. 初中数学学科能力的培养 [M]. 青岛：中国海洋大学出版社，2017.

[7] 段元锋. 运用变式训练激活数学思维 [J]. 资治文摘：管理版，2009（9）：1.

[8] 顿继安. 数学课堂中教与学"擦肩而过"的现象研究——兼谈 PCK 的利与弊 [J]. 数学教育学报，2013，22（02）：81–83.

[9] 樊建俊. 中学数学教学中培养学生创造性思维能力 [D]. 呼和浩特：内蒙古师范大学，2004.

[10] 方建红. 问题导学法在初中数学课堂教学中的应用 [J]. 数学学习与研究，2020（05）：52.

[11] 傅筼. 初中数学课堂教学现状和提升路径研究 [J]. 考试周刊，2015（71）：70–71.

[12] 葛丽. 浅谈在课堂教学中培养和发展学生的数学思维结构 [J]. 中山大学学报论丛，2003（3）：5.

[13] 张建伟，陈琦 . 从认知主义到建构主义 [J]. 北京师范大学学报（社会科学版），1996（04）：75-82.

[14] 公成敏 . 教育科学与技术在数学课堂教学优化中的应用研究 [M]. 成都：电子科技大学出版社，2019.

[15] 郭元祥 . 课堂教学改革的基础与方向——兼论深度教学 [J]. 教育研究与实验，2015（06）：1-6.

[16] 韩朝泉，邱炯亮，聂雪莲 . 数学教学与模式创新 [M]. 北京：九州出版社，2018.

[17] 韩云桥 . 数学课堂 "说数学" 教与思 [M]. 广州：华南理工大学出版社，2016.

[18] 何小亚 . 解决数学问题的心理过程分析 [J]. 数学教育学报，2004（8）：34-36.

[19] 惠王震 . 小学数学课堂教与学的评价方式研究 [D]. 西安：陕西师范大学，2015.

[20] 季大成 . 对传统教学评价的反思 [J]. 小学科学（教师版），2013（11）：157-157.

[21] 金昊 . 多媒体技术辅助立体几何图形教学研究 [D]. 济南：山东师范大学，2013.

[22] 金建华 . "导学互动" 教学模式在中学数学教学中的应用 [J]. 高考，2019（17）：151.

[23] 李翊 . 数学教与学中互动式数学交流的研究 [D]. 长沙：湖南师范大学，2006.

[24] 李运林，徐福荫 . 教学媒体的理论与实践 [M]. 北京：北京师范大学出版社，2005，7：8-14.

[25] 卢宁 . 试论教学中的师生人际关系 [J]. 广西师范大学学报，1989，7：3-4.

[26] 穆建明 . 浅谈小学数学课堂教学的转变 [J]. 科技视界，2016，166（07）：217-217.

[27] 庞敬文，张宇航，王梦雪 . 基于微课的初中数学智慧课堂构建及案例研究 [J]. 中国电化教育，2016（06）：12-14.

[28] 钱佩玲 . 中学数学思想方法 [M]. 北京：北京师范大学出版社，2010.

[29] 曲彦 . 中学数学课堂互动教学模式的研究与实践 [D]. 大连：辽宁师范大学，2005.

[30] 滕发祥 . 论数学课程独特的文化教育功能 [J]. 中学数学教与学，2002，1.

[31] 田贵荣 . 提升学生学习素养是有效教学的基础 [J]. 教育实践与研究（中学版），

2008：4-6.

[32] 汪先锋.高中数学教学中培养学生推理论证能力的研究 [J].数理化学习（高三版），2013（11）：54-54.

[33] 王丽芬.如何使数学教育面向全体学生 [J].学子：理论版，2016（1）：60.

[34] 王友社.现代教育技术 [M].合肥：安徽大学出版社，2004.

[35] 武俊花.初中数学能力问题新探 [J].新课程学习（下），2014（1）.

[36] 肖碧凡.探究多媒体技术与初中数学教学的有效融合 [J].福建质量管理，2015（07）：62-64.

[37] 叶立军，斯海霞，唐笑敏."慕课+翻转课堂"教学模式下的《中学数学教学设计》课程建设及实践 [J].数学教育学报，2016，25（06）：76-79.

[38] 于云起.中学数学课堂教学评价最优化的研究 [D].呼和浩特：内蒙古师范大学，2005.

[39] 余致甫.数学教育学概论 [M].上海：华东化工学院出版社，1990.

[40] 岳峰.翻转课堂教学模式的构成要素浅析 [J].卫生职业教育，2018，036（006）：48-49.

[41] 张银东.浅谈初中数学教学中创造性思维能力的培养 [J].课程教育研究，2019（50）：142-143.

[42] 张英.面向全体关注过程多元评价——新课程理念下学生学习评价改革初探 [J].云南教育，2004，000（025）：23-24.

[43] 郑东微.数学教育在现代传媒方式下的机遇与挑战 [D].长春：吉林大学，2014.

[44] 朱本斌.基于翻转课堂理念的初中数学教学设计研究 [D].苏州：苏州大学，2016.

[45] 朱敏.新课程理念下高中数学课堂教学评价的研究 [D].武汉：华中师范大学，2008.

[46] 朱维宗，唐海军，张洪巍.聚焦数学教育小学数学课堂教学生成的研究 [M].哈尔滨：哈尔滨工业大学出版社，2011.

[47] 祝智庭.智慧教育新发展：从翻转课堂到智慧课堂及智慧学习空间 [J].开放教育研究，2016（22）：18-26.